Erläuterungen und Dokumente

Sophokles
Antigone

Von Marion Giebel

Philipp Reclam jun. Stuttgart

Universal-Bibliothek Nr. 8195

Gesamtherstellung: Reclam, Ditzingen. Printed in Germany 1996
RECLAM und UNIVERSAL-BIBLIOTHEK sind eingetragene Marken
der Philipp Reclam jun. GmbH & Co., Stuttgart
ISBN 3-15-008195-5

Inhalt

I. Kommentar, Wort- und Sacherklärungen

Die Seiten- und Verszahlen beziehen sich auf die Übersetzung von Wilhelm Kuchenmüller in Reclams Universal-Bibliothek Nr. 659. Den griechischen Text enthält die zweisprachige Ausgabe, übersetzt und herausgegeben von Norbert Zink, Universal-Bibliothek Nr. 7682.

Zur Vorgeschichte

Antigone, die Tochter des Ödipus, stammt aus einem fluchbeladenen Geschlecht. Ihr Großvater Laios, König von Theben, hatte in seiner Jugend einen schönen jungen Königssohn aus Elis geraubt und nach Theben gebracht. Dessen Vater verfluchte Laios: Er solle von der Hand seines eigenen Sohnes den Tod erleiden. Als Laios ein Sohn geboren wird, läßt er ihm die Fußknöchel durchstechen und beauftragt einen Hirten, ihn im Kithairon-Gebirge auszusetzen. Doch der Knecht wird von Mitleid ergriffen und übergibt das Kind einem anderen Hirten, der es nach Korinth bringt. Dort nimmt der kinderlose König Polybos den Knaben an Sohnesstatt an und nennt ihn wegen seiner durchstochenen Fußknöchel Ödipus (Oidipous, ›Schwellfuß‹). Als dieser herangewachsen ist, geht er zum Orakel von Delphi und erhält dort den Götterspruch, er werde seinen Vater töten und seine Mutter heiraten. Ödipus kehrt daraufhin nicht mehr nach Korinth zurück. Unterwegs im Lande Phokis gerät er an einem Kreuzweg mit einem Reisenden in Streit und erschlägt ihn im Zorn. Es ist sein Vater Laios. Ödipus gelangt nach Theben und befreit die Bürger von dem Wüten der Sphinx, indem er ihr Rätsel löst: Das Wesen, das am Morgen auf vier, am Mittag auf zwei und am Abend auf drei Beinen geht, ist der Mensch. Durch seine Klugheit gewinnt Ödipus die Königsherrschaft über Theben und die Hand der verwitweten Königin Jokaste – seiner Mutter. Mit ihr hat er vier Kinder, die Söhne Eteokles und Polyneikes und die Töchter Antigone und Ismene. Lange herrscht er glücklich über Theben, bis eine Pest über das Land kommt. Nach dem Spruch des Sehers Teiresias muß die Stadt von der Befleckung durch den Mord an dem früheren König gereinigt werden. Ödipus stellt strenge Nachforschungen an, bis sich schließlich enthüllt, daß er selbst der Mörder und dazu der Gemahl seiner Mutter ist. In Verzweiflung blendet er sich, während Jokaste sich erhängt (vgl. Sophokles, *König Ödipus*).

Die Söhne des Ödipus regieren Theben zunächst gemeinsam, bis ein Streit entsteht und Polyneikes von Eteokles aus Theben vertrieben wird. Polyneikes heiratet in Argos die Tochter des Königs Adrastos und zieht mit diesem gegen Theben, begleitet von den tapfersten Helden seiner Zeit (vgl. Aischylos, *Sieben gegen Theben*). Beim Sturm auf die Mauern töten sich die Brüder gegenseitig; die Stadt aber bleibt siegreich.

Hier setzt Sophokles mit seiner Tragödie *Antigone* ein. Kreon, der Bruder der Jokaste, hat als nächster Verwandter (Ödipus ist inzwischen gestorben) die Königsherrschaft in Theben übernommen. Als erstes verkündet er, daß bei Todesstrafe niemand den Landesfeind Polyneikes, den Angreifer seiner Vaterstadt, begraben dürfe. Dessen Leichnam solle unbestattet daliegen und den Hunden und Vögeln zur Beute werden. Am Morgen nach dem Tod der Brüder und dem Abzug des feindlichen Heeres treffen sich Antigone und ihre Schwester Ismene vor dem Palast von Theben, dessen Fassade mit drei Türen die Bühne begrenzt.

Prolog: Szene Antigone – Ismene

1–10 *du mein eigen Blut . . . unsern Lieben:* Antigone appelliert an die Verbundenheit der lebenden wie der toten Familienmitglieder.

27 *darf nicht beweint und nicht begraben werden:* Die elementaren Rechte auf die Totenklage und die Bestattung sind Polyneikes entzogen.

43 *Ob deine Hand mit mir den Toten birgt:* wörtl. ›aufhebt‹ (zur Bestattung). Antigone plant, den Bruder mit Ismenes Hilfe wegzutragen, ihm ein Grab zu graben oder ihn auf einen der Scheiterhaufen für die Gefallenen zu legen und dort zu verbrennen. Durch Ismenes Weigerung wird sie zu einer rituellen Bestattung – durch Aufstreuen von Sand – gezwungen.

59 *Wie schlimm wir enden:* Ismene ist nicht nur die Schwache, die sich der heroischen Tat entzieht; sie erinnert an den schmählichen Tod von Eltern und Brüdern, der sich bei ihnen, den letzten Abkömmlingen des Geschlechts, nicht wiederholen soll. Ihr Vorschlag erscheint ihr als eine Möglichkeit, den Fluch des Hauses zu beenden.

71–74 *Sei du nur, wie dir gut scheint . . . Und fromm hab ich gefrevelt:* Für Antigone sind Ismenes Worte nur schwache Vernünfteleien, mit denen sie dem furchtbaren Ernst der Lage ausweicht. Die Götter fordern die Bestattung der Toten; wenn dies ein Unrecht ist, so ist es ein »frommer Frevel« (Oxymoron, Verbindung sich widersprechender Begriffe).

78 ff. *Mir gilt es nicht verächtlich . . .:* In der Wechselrede (Stichomythie) werden jeweils die gegensätzlichen Positionen der Personen deutlich. Der Dialog, der in engster Verbundenheit begann, endet in schroffer Trennung.

91 *Eh' meine Kraft versagt, geb ich nicht auf:* Antigone ist wie ihr Vater Ödipus schroff, unbeugsam und von einem gefaßten Entschluß nicht abzubringen.

95 *mich und meine Torheit:* Torheit gegen Einsicht bzw. Besinnung, Unberatenheit gegen Wohlberatenheit. Diese Begriffe sind Leitmotive der Handlung bis zum letzten Vers des Dramas. (Auch V. 469 f. kann in diesem Zusammenhang als echt angesehen werden.)

Einzugslied des Chores (Parodos)

104 *Dirke:* Quelle in Theben.
105 *den waffenmächtigen Feind:* Der Führer war Adrastos, König von Argos, Schwiegervater des Polyneikes.
122 *Hephaistos':* der Gott des Feuers.
126 *den Drachen:* Der Stadtgründer Kadmos erschlug einen Drachen, aus dessen Zähnen die Thebaner entstanden (›Drachensaat‹).
132 *Der oben am Ziel:* Kapaneus, einer der »Sieben gegen Theben«, hatte geprahlt, nicht einmal der Blitz des Zeus werde ihn an der Einnahme der Stadt hindern.
140 *Ares, der große Renner:* Der Kriegsgott wird mit dem rechten Pferd beim Wagenrennen verglichen. Dies war das stärkste Pferd im Gespann, da linksherum gewendet wurde.
144 *Nur das entsetzliche Paar:* Der Chor der greisen Thebaner macht keinen Unterschied zwischen den Brüdern.
148 *Nike:* die Siegesgöttin.
154 *Bakchos führe den Chor:* Der Gott Bakchos-Dionysos ist als Sohn der thebanischen Königstochter Semele mit Theben verbunden und daher Schirmherr der Stadt. Er wird hier zum Freuden- und Siegesfest gerufen. (Vgl. auch V. 1115 ff.)

Erster Auftritt (Epeisodion): Kreon – Chor – Wächter

162–210: Kreon tritt aus der großen, mittleren Palasttür, von Wachen begleitet. Er legt seine Regierungsgrundsätze dar, an denen er die Bürger messen will und nach denen sie auch ihn beurteilen sollen. Als Höchstes steht ihm das Wohl der Stadt. Freund und Feind sollen Lohn und Strafe finden. So soll nach seinem Gebot auch mit den Ödipus-Söhnen verfahren werden: ein Ehrenbegräbnis für Eteokles und weder Grab noch Totenklage für Polyneikes. Die Reaktion der Bürger soll dem neuen Herrscher als Gradmesser ihrer Loyalität dienen.

207 *Das ist mein Wille:* Kreon spricht immer von sich, in der ersten Person, sein Wille ist der des Staates.

211 ff. *du bestimmst . . .:* Der Chor verhält sich distanziert, er erkennt nur die Übermacht Kreons an, wie vorher Ismene.

222 *Hoffnung auf Gewinn:* Kreon denkt an Parteigänger des toten Polyneikes, die, um seine Macht zu erschüttern, jemanden bestochen haben, wider das Gebot zu handeln.

223 ff. *vor Eile in Atemnot . . .:* Der Wächter vertritt in seiner Sprache und in seinem Gehabe die Sphäre der kleinen Leute und erinnert an die Komödie. Jean Anouilh entwikkelt daraus den Typus eines unschuldig-schuldigen Handlangers der Tyrannen, ohne den deren Regime nicht funktionieren kann (von Sophokles bereits angelegt, z. B. in V. 439 f.).

256 *wie um den Fluch zu bannen:* Selbst der einfache Mann weiß, daß von dem unbegrabenen Leichnam eine rituelle Befleckung ausgeht.

281 *ein Tor:* Die Frage, auf wessen Seite die Torheit und auf wessen die Einsicht ist, taucht im Verlauf des Dramas immer wieder auf.

289 ff. *gewisse Bürger . . .:* Kreon steigert sich in die Vorstellung hinein, es gebe eine feindliche Partei, eine Verschwörergruppe, die mit Bestechung arbeite. Er kann sich nur niedrige Motive wie Gewinnsucht vorstellen, wenn jemand wider sein Gebot handelt. Die Sentenzen über Geld und Gewinnsucht zeigen in ihrer Häufung und in ihrem Mißverhältnis zur Sachlage, wie Kreon in seinen Vorstellungen gefangen ist. Die Bürger sieht er wie Pferde unterm Joch, die gefügig gemacht werden müssen (V. 291 f.).

307 *Hades:* Gott der Unterwelt, auch Totenreich und Tod.

Erstes Standlied (Stasimon) des Chores

332–375 *Ungeheuer ist viel ... Wer solches beginnt:* die berühmte »Ode an den Menschen«, dessen Wesen mit dem doppeldeutigen Wort δεινός (deinos) charakterisiert wird: gewaltig, ungeheuer, zum Guten wie zum Bösen. Der Mensch macht sich zum Herrn der Natur, er schafft durch seine Klugheit und seinen Erfindungsgeist Kultur und Staatswesen. Während in den zeitgenössischen Kulturentstehungstheorien (z. B. bei Protagoras) der Fortschrittsoptimismus herrscht, betont Sophokles die Ambivalenz menschlichen Könnens. Die reichen Künste und Gaben verführen den Menschen dazu, seine Grenzen zu überschreiten, wenn er sich nicht an Gesetz und göttliches Recht hält. Der Chor scheint an den unbekannten kühnen Täter zu denken, der es gewagt hat, das Herrschergebot zu übertreten. Er spricht jedoch in doppeldeutiger Rede, ein von Sophokles häufig verwendetes Kunstmittel. Denn wer »groß im Volk« oder »nichts im Volk« ist (V. 370 f.), wird sich am Ende des Dramas herausstellen.

335 *Im Notossturm:* Südwestwind, d. h. im Wintersturm.

382 *bei sinnlosem Tun:* wörtl. ›in Unbesonnenheit‹, d. h. das Leben riskierend.

Zweiter Auftritt: Wächter – Antigone – Kreon, dann Ismene

418 *ein Wirbelsturm vom Boden:* Dieser wirbelte Sand auf, als ob die Götter bei der Bestattung helfen wollten. – Warum ist Antigone nochmals zur Leiche gegangen, wenn das symbolische Bestreuen mit Erde für eine rituelle Bestattung ausreichte? Mit dem Kunstgriff der doppelten Bestattung stellt Sophokles zunächst die Tat an sich in den Vordergrund, mit Kreons Reaktion und seinem irrigen Verdacht und der vom Chor geäußerten Vermutung, es sei dabei an eine göttliche Mitwirkung zu denken. Dann

erfolgt die Überraschung, daß der Täter Antigone ist, eine Frau, eine Einzelgängerin, aber Kreons Verwandte. Neben der theatralischen Wirkung läßt sich auch eine sachliche Motivierung erkennen (vgl. Struck, 1953). Zur Bestattung gehört erstens das Bergen im Grabe bzw. das Bestreuen mit Erde, und zweitens die Totenklage mit der Grabspende an die Götter. Beim Weihen der Grabspende (einem Trankopfer aus Honig, Milch und Wein) wird Antigone ergriffen (V. 395 f.). Außerdem wollte sie den Leichnam erneut mit Erde bestreuen, um ihn vor wilden Tieren zu schützen.

451 *Dike:* die Göttin des Rechts und der heiligen Ordnungen. Sie sendet die Erinnyen, die Rachegeister, gegen alle, die gegen die Toten freveln.

454 *die ungeschriebnen Gottgebote:* das Sittengesetz, das von Natur aus besteht und für jeden Menschen bindend ist: Man soll die Götter, die Verwandten, die Schutzbedürftigen und die Toten ehren. Neben diesen universalen Geboten (Naturrecht) gibt es die einzelnen Gesetze, spezifisch formulierte Rechtsregeln und Verordnungen, die sich ein Gemeinwesen gibt und die dem Wandel unterworfen sind (positives Recht). Im Konfliktfall haben die »wandellosen Gottgebote« den Vorrang vor einem sterblichen Befehl (V. 453–455, vgl. auch Sophokles, *König Ödipus*, V. 865 ff.).

469 f. *Törin . . . ein Tor:* vgl. Anm. zu V. 95.

474 ff. *der stärkste Stahl . . .:* Kreon zeigt mit seinen Vergleichen, daß er auch bei Antigone nur Untertanentrotz sieht, der gebrochen werden muß, vgl. V. 290 ff.

487 *Als alle Blutsverwandten:* wörtl.: und wenn sie, das Kind meiner Schwester, mir blutsmäßig noch näher stünde als jeder, den Zeus Herkeios schützt, der Beschirmer des heimischen Herdes.

493 ff. *Meist spielt das Herz . . .:* Kreons fortschreitende Verblendung wird charakterisiert durch die stete, geradezu zwanghafte Verwendung von Sentenzen, die allgemein zwar richtig, hier aber völlig unzutreffend sind.

498 *Damit hab ich vollauf genug:* vgl. Anm. zu V. 207.

508–525 In dem Streitgespräch, der Stichomythie, werden die Standpunkte der beiden Hauptpersonen scharf voneinander abgegrenzt. Antigone vertritt ihre Überzeugung, daß im Hades alle Unterschiede aufgehoben sind und eigene Gesetze gelten. Kreon vermag nicht anzuerkennen, daß es andere Bereiche außerhalb seines Herrschaftsbezirks geben soll.

509 *Die sehen's auch ...:* Diese Haltung des Chores bzw. der Bürgerschaft wird von Haimon bestätigt werden (vgl. V. 690 ff.).

524 f. *So geh ... nie ein Weib regieren:* In tragischer Ironie deutet Kreon voraus auf Antigones Ende, das mit dem seines Sohnes Haimon verbunden sein wird. Die frauenfeindlichen Züge zeigen wieder seine starre, engstirnige Haltung, vgl. auch V. 678–680.

533 *zweifachen Fluch und Umsturz:* Kreon vermag auch Ismene nur als Regimegegnerin zu sehen.

539 *Du wolltest nicht:* Antigone lehnt alle Halbheiten ab, Ismene fehlte die klare Überzeugung von der Rechtmäßigkeit und Notwendigkeit der Tat. Sophokles läßt seine Heldin einsam bleiben. Vgl. auch den Hinweis v. Schirndings (S. 50), vieles spräche dafür, daß Antigones Härte im Dienst ihres verzweifelten Bemühens steht, die Schwester zu retten.

573 *kränkst du und deine Ehe:* Ehe: wörtl. ›Braut-, Ehebett‹; d. h. du und dein Gerede von der Ehe.

575 *Hades macht mir mit diesem Bund ein Ende:* eine der zahlreichen, die Verblendung des Kreon charakterisierenden Vorwegnahmen: das Ende wird nicht so sein, wie Kreon es sich vorstellt.

585 *durch alle Geschlechter Unheil:* die alte Vorstellung vom Geschlechterfluch, der auf manchen Häusern lastet, auf dem des Ödipus wie auch auf dem der Atriden (Atreus, Agamemnon und seiner Familie).

586 *Thrakerstürme:* Das Land der Thraker auf der Balkanhalbinsel bis zum Schwarzen Meer galt als rauh und un-

wirtlich; die Stürme auf der nördlichen Ägäis waren gefürchtet.

594 *Labdakos' Stamm:* Labdakos, der Großvater des Ödipus, war der Stammvater des Geschlechts, das daher Labdakiden genannt wurde, vgl. V. 861.

610 *in Olympos' lichtem Glanz:* auf dem Olymp, dem Berg der Götter, auch Götterhimmel, vgl. V. 758.

Dritter Auftritt: Kreon – Haimon

638 *Als deine Führung sein – auf rechtem Weg:* Die griechische Partizipialkonstruktion (›rechte Grundsätze habend‹) ist sowohl kausal (weil) wie konditional (wenn) zu verstehen. Haimon meint: Ich folge dir, wenn du rechte Grundsätze hast. Kreon versteht: da du – selbstverständlich – immer das Rechte tust. Durch den Sprachgebrauch wird ausgedrückt: Das Mißverständnis ist grundlegend.

643 f. *seinem Feinde . . . seinen Freund:* Kreon vermag auch seinen Sohn nur in seinem Freund-Feind-Schema zu sehen.

654 *Im Hades drunten einen Freier suchen:* das vordeutende Motiv von der Hochzeit im Hades, vgl. V. 1241.

658 f. *klageleiern zum Sippenschützer Zeus:* vgl. zu V. 487. Wieder spricht Kreon lästerlich über Zeus als den Garanten der Verwandtenpflicht. Der Zuschauer mußte erwarten, daß dies nicht ungestraft bleiben würde.

671 *ob gerecht, ob ungerecht:* Kreons politische Maximen enthüllen sich als Absolutheitsanspruch, der von Haimon zurückgewiesen wird. Die Fülle von Sentenzen über Gehorsam, Kriegszucht und Disziplin und gegen »Weiberherrschaft« zeigt, daß Kreon überzeugt ist, auf dem rechten Weg zu sein, den er unbedingt einhalten muß.

687 *Nur kommt wohl auch ein andrer auf das Rechte:* Haimon spricht sehr diplomatisch, nimmt Kreons Worte auf (er wünscht des Vaters Glück, so wie dieser tüchtige Kinder) und baut ihm goldene Brücken zum Einlenken.

713 ff. *Du siehst am winterlich geschwollnen Strom . . .:* Die

Beispiele des klugen Nachgebens kontrastieren zu denen Kreons von Härte und Unnachgiebigkeit, vgl. V. 474 ff.

726 f. *Von diesem Jungen …:* Haimon ist zu jung, als daß Kreon einen Rat von ihm annehmen will – Teiresias wird ihm zu alt sein, vgl. V. 1045.

736 ff. *Soll ich für andre als für mich hier herrschen …:* Die Stichomythie Haimon – Kreon entlarvt Kreons Prinzipien. Es geht ihm nicht um das Wohl der Stadt, wie es noch zu Beginn den Anschein hatte (vgl. V. 185 ff.), sondern nur um seine eigene Machtstellung.

757 *spräch' ich: Du Narr:* vgl. V. 469 f. und Anm. zu V. 95.

772 *welchen Tod:* Kreon hatte ursprünglich die Steinigung vorgesehen (V. 36), doch ist diese Strafe ein Akt der gesamten Bürgerschaft, die das Todesurteil bejaht und den Übeltäter aus ihrer Gemeinschaft ausstößt. Nach Haimons Worten kann Kreon eine entsprechende einhellige Stimmung im Volk nicht mehr voraussetzen.

774 *Schließ ich sie lebend in ein Felsengrab:* Solche in einen Felsen getriebene Kammergräber, die aus einem Grabgang (Dromos) und der dahinterliegenden Grabkammer bestehen, sind in Theben und Umgebung ausgegraben worden.

775–780 *Speise, wie zur Sühne reicht … Dem Hades dienen ist verlorne Müh':* Es gab den Brauch, Verbrecher lebend einzumauern und sie einem Gottesurteil anheimzustellen. Die spöttischen Worte Kreons über Hades sowie später das Urteil des Teiresias (V. 1068 f.) zeigen jedoch, daß Sophokles in Kreons Vorgehen eine Pervertierung dieses Brauchs sieht.

Drittes Standlied (Stasimon) des Chores

781 *Eros:* Der Liebesgott, Sohn der Liebesgöttin Aphrodite, wurde schon in der frühen griechischen Lyrik, wie bei Sappho und Anakreon, nicht als lieblicher Knabe, sondern als gewaltsam wirkende, dämonische Daseinsmacht angesehen. Als allbezwingend und damit als Grund für Haimons

Auflehnung gegen seinen Vater gilt er hier auch für die Greise von Theben. Der Zuschauer mußte, wenn er hörte, daß Eros »hohen Gesetzen zur Seite thront«, an Antigone denken, die vom Bereich dieses Gottes, von Liebe und Hochzeit, ausgeschlossen wird.

Vierter Auftritt: Klagelied (Kommos) Antigone – Chor

806–882 *Seht mich, Männer der Heimat ... Keines Freundes Träne:* Diese Klage (Kommós) der Antigone und des Chores wurde als Wechselgesang gesungen, eines der Elemente der Tragödie, die im Stil mit denen der Oper zu vergleichen sind.

812 *Acheronufer:* Acheron war der Totenfluß, der die Unterwelt vom Bereich der Lebenden trennte, hier auch als Hades (Totengott und Totenreich) verstanden, vgl. »Acherons Braut« (V. 815).

813 *Hymenaios:* Gott der Hochzeit, auch das Lied zur Hochzeit.

824 *der phrygischen Fremden:* Niobe, Tochter des Tantalos aus Phrygien in Kleinasien, Königin von Theben. In vermessenem Stolz rühmte sie sich ihrer sieben Söhne und sieben Töchter und stellte sich über die Göttin Leto, da diese nur zwei Kinder geboren habe, Apollon und Artemis. Beide Götter töteten zur Strafe Niobes Kinder. Sie versteinerte in ihrer Trauer und wurde an den Berg Sipylos in ihre Heimat versetzt, vgl. Ovid, *Metamorphosen* 6,146 ff.

833 *der Dämon:* Daimon, das göttliche Wesen. Der Ausdruck wird schon seit Homer jeweils dort gebraucht, wo man göttliches Wirken verspürt, aber keinen bestimmten Gott benennen kann.

834 *Sie aber war göttlich:* Niobes Vater Tantalos war ein Sohn des Zeus.

839 *Weh! Ich werde verlacht:* Der Chor rühmt Antigone, daß sie, obwohl sterblich, im Tode doch göttergleichen

Ruhm gewinne. Diese aber, vom Grauen des Todes gepackt, sieht in den Worten des Chores keinen Trost, sondern nur ein Ausweichen.

845 *Ió:* ekstatischer Ausruf, vgl. V. 1146, auch bei der Totenklage. Antigone, von allen verlassen, muß selbst ihren Klagegesang anstimmen.

851 f. *Nicht lebendig bei Menschen noch bei Toten ein Toter:* Kreon hat sie zu einem ähnlichen Schicksal verdammt wie ihren Bruder Polyneikes, vgl. V. 1068 ff.

854 f. *Doch an dem hohen Thron des Rechts ...:* wörtl.: du bist am hohen Sockel der Dike (der Ordnungsgöttin) heftig angestoßen (wie ein Schiff auf ein Riff aufläuft). Zur Lesart vgl. Patzer (1978), S. 108–110. Vgl. auch V. 873–875 und dazu die Interpretation hier in Kap. III, S. 40.

871 *Traf der Ehe Verhängnis:* Polyneikes' Ehe mit der Tochter des Königs von Argos ermöglichte den Zug der Sieben gegen Theben.

894 *Persephone:* die Totenherrscherin, Gemahlin des Hades.

904–920 *[Und doch, wer klug ist ... in die Grabesgruft der Toten]:* Das sog. Enthymem, die Satzung vom Vorrang der Bruderliebe, ist in seiner Echtheit umstritten. Schon Goethe nahm Anstoß an dem »dialektischen Kalkül« (*Gespräche mit Eckermann*, 28. März 1827). Es hat z. T. wörtliche Anklänge an Herodots Geschichte von der Frau des Intaphernes (3,119). Als der Perserkönig Dareios diesen mit Kindern und Angehörigen zum Tode verurteilt hatte, erlaubte er der Gattin, einen Familienangehörigen freizubitten. Sie wählte den Bruder, mit der gleichen Begründung wie hier (V. 909–913). Sophokles mag diese Erzählung gekannt haben, obwohl Herodots Geschichtswerk damals noch nicht erschienen war; er war mit ihm befreundet. Er würde es aber wohl nicht seiner Antigone in den Mund gelegt haben, wenn es ein fremdartiges Motiv gewesen wäre. Wie Johannes Th. Kakridis nachgewiesen hat (*Homeric Researches*, Appendix III: »The motiv of Intaphernes' wife and the ascending scale of affection«, Lund 1949, S. 152–164) ist diese »Gefühlsskala« noch heute in alter griechischer Volkspoesie anzutreffen. Man kann andere Kinder haben, eine andere Frau, aber keine anderen Eltern, Brüder, Schwestern. In einem Volksmärchen fordert der Dämon ein Menschenopfer, damit die neugebaute Brücke hält. Der Vorarbeiter, der ein Mitglied seines Hauses geben muß, opfert seine Frau, denn er kann eine andere finden, aber keinen Vater mehr, keine Mutter, noch Brüder und Schwestern. Mit diesem aus der ›Clan-Zeit‹ stammenden Argument und der übersteigerten Schätzung des Bruders sucht sich Antigone darüber hinwegzutrösten, daß ihr Gatte und Kinder versagt bleiben. Sicher will Sophokles damit nicht sagen, daß sich die heiligen, ungeschriebenen Gesetze nur auf Brüder und nicht auf andere tote Angehörige beziehen, zumal in seinem voraufgegangenen Drama der Held Aias sogar von seinem Feind die Totenehren zugebilligt erhält. Der Zuschauer sollte vielmehr sehen, daß Antigone in ihrer Verlassenheit jeden Trostgrund aufgreift, als »eine rationale Argumentation, durch die hier die Bedeutung der Geschwisterliebe verstandesmäßig begründet wird« (Lesky, 1968, S. 141). – Vgl. auch Walter Jens in seinem Dialog *Sophokles und Brecht* (1978, S. 422): »Brecht zu Sophokles: Du, das ist schön, das gefällt mir: Wie die sich Rechenschaft gibt, diese Frau, wie sie Ausflüchte sucht, weil sie Angst hat vor dem, was da kommt, und sich vergewissern möchte, daß sie auch wirklich keine andere Wahl hatte . . . ja, das ist glaubhaft. Da zaubert nicht eine mit schönen Gefühlen, mit Ehre und Ruhm und Verpflichtung gegenüber dem Himmel. Da wird, Pfennig für Pfennig, eine Rechnung aufgemacht. *Wenn ich schon verrecken muß, dann will ich auch wissen, warum.* Das ist großartig, du. – Sophokles: Mir scheint es zunächst einmal logisch.«

926 *Ich leide, weil ich fehlte:* »So fühlt sich Antigone trotz der redseligen Bewunderung des Chores ganz allein und kommt schließlich dazu zu zweifeln, ob irgendwer, ob selbst die Götter, deren Gesetz sie doch gegen den König erfüllt hat, verstehen, was sie getan hat, obwohl sie in

ihrem innersten Herzen weiß, daß sie recht gehandelt hat. Diese äußerste Verlassenheit, dieser Zweifel, ob es irgend jemand gibt, selbst unter den Göttern, der auf ihrer Seite steht, ist das moralische Leiden, durch das Antigone zu gehen hat« (v. Fritz, »Tragische Schuld und poetische Gerechtigkeit«, 1962, S. 7).

927 f. *Doch fehlten diese . . .:* Antigone fordert ein Gottesurteil heraus.

Viertes Standlied (Stasimon) des Chores

944–987 Die Mythen waren den Zuschauern bekannt und werden hier nur andeutungsweise erzählt.

944 *Danaë:* Tochter des Königs Akrisios von Argos, wurde von ihrem Vater in einen ehernen Turm eingesperrt, weil einem Orakel zufolge der Enkel dem König die Herrschaft rauben sollte. Doch Zeus nahte sich Danaë in einem goldenen Regen, und sie wurde die Mutter des Helden Perseus.

955 ff. *des Dryas jähzorniger Sohn . . .:* Lykurgos, der König der Edonen in Thrakien, verbot die Verehrung des Gottes Dionysos und verhöhnte und mißhandelte die Mänaden, die gotterfüllten Frauen, und die Musen, die Gefährtinnen des Gottes. Er wurde zur Strafe an einen Felsen gefesselt.

964 *Feuerjauchzen:* der Festzug des Dionysos, bei dem Fakkeln geschwungen und der Kultruf »Euoi« angestimmt wurde, vgl. V. 1128 ff.

969 *Salmydessos:* Stadt und Gegend an der thrakischen Küste des Marmara- und des Schwarzen Meeres, wo König Phineus geherrscht hatte. Er verstieß seine Gattin Kleopatra, die Enkelin des athenischen Königs Erechtheus, und heiratete erneut. Die Stiefmutter blendete die beiden Söhne der Kleopatra und verstieß sie in ein Felsengrab.

985 *die Boreade:* Kleopatra war die Tochter des Windgottes Boreas. Ihre Geschichte war als attische Lokalsage den

Zuschauern vertraut. – Mythische Exempla brauchen nicht deckungsgleich mit der gegenwärtigen Situation zu sein, man entnimmt ihnen Einzelzüge oder eine Nutzanwendung, z. B. Trost im Hinblick auf ein bestimmtes Schicksal (›Auch dieser oder diese hat, obwohl von hohem Stande oder den Göttern nahestehend, solch ein hartes Los gehabt‹). Hier geht es um das Eingeschlossenwerden Unschuldiger: Danaë, die Kinder der Kleopatra, sowie um die Bestrafung Schuldiger wie Lykurg; die Rache an Phineus durch die Boreaden, die Brüder der Kleopatra, war den Zuschauern ebenfalls bekannt. Diese konnten die mythischen Exempla als Grabgesang auf Antigone verstehen, aber auch als Vordeutung auf das folgende Geschehen auffassen. Lykurg, der rasende, verblendete König, kommt durch die göttliche Strafe zur Einsicht, die schuldlos leidende Danaë wird durch Götterwirken schließlich erhöht.

987 *Moiren:* die Schicksalsgöttinnen.

Fünfter Auftritt: Szene Teiresias – Kreon

989 *doch einer sieht ihn nur:* Sophokles' *König Ödipus*, in dem Teiresias eine bedeutende Rolle spielt, ist erst nach der *Antigone* verfaßt, doch war die Gestalt des blinden Sehers sowohl aus dem thebanischen Sagenkreis wie aus anderen, uns verlorenen Dramen bekannt.

995 *Zu meinem Nutzen war's:* Bei der Belagerung von Theben hatte Teiresias verkündet, die Stadt werde gerettet, falls sich Megareus, Kreons Sohn, freiwillig opfere, was dieser auch tat. (Vgl. V. 1302 f. und Euripides' Drama *Die Phoenissen*, in dem der Sohn Kreons nach seinem Großvater Menoikeus heißt.)

999 *Seherwarte:* auf der Burg von Theben. Die Weissagung aus dem Flug und den Stimmen der Vögel (Ornithomantie) ist schon aus Homer bekannt.

1005 *Opferschau:* Wenn das Opfertier nicht ordnungsgemäß

mit heller Flamme verbrannte, war dies ein Zeichen, daß die Götter das Opfer nicht annahmen.

1006 *Hephaistos:* Der Name für den Gott des Feuers steht hier metonymisch für das Opferfeuer.

1023 ff. *komm zur Besinnung . . .:* Dies forderte auch Haimon, der erste Warner. Teiresias spricht ebenso wie dieser in vorsichtig-diplomatischem Ton mit dem leicht erregbaren König und verheißt ihm Gewinn.

1033 *Ha, Alter:* Kreon zeigt ebendiesen Eigensinn, vor dem der Seher warnte. Er sieht sich wieder umstellt von Bestochenen (Gold und Gewinnsucht wie V. 295 ff.), gegenüber Teiresias eine absurde Vorstellung. Dieser verweist ihn auf den wahren Gewinn, die Einsicht (V. 1050).

1038 *Der Sarder Silbergold, das Gold der Inder:* Gold mit Silberbeimischung (Elektron, Weißgold) kam aus Sardes in Lydien (Kleinasien), der Residenzstadt des sagenhaft reichen Königs Kroisos. Es gab dort Goldgruben, auch führte der Fluß Paktolos Goldkörner mit sich. Gold kam auch aus Malakka und Ceylon, das hieß aus Indien.

1040 ff. *Und packten ihn zum Fraße gar die Adler . . .:* Kreon gerät wieder in Zorn und lästert die Götter. Vgl. auch die Interpretation zu V. 1042 hier in Kap. III, S. 41 f.

1074 *Erinnyen:* die Rachegöttinnen der Unterwelt, vgl. V. 1103 f.

1100 f. *befrei die Jungfrau . . .:* Der Chor rät, zuerst zu Antigone zu gehen und dann Polyneikes zu bestatten. Kreon beachtet dies nicht und kommt zu spät.

1113 f. *treu zu bleiben bestehenden Gesetzen:* Kreon gibt nun selbst zu, daß die göttlichen Ordnungen seinen eigenen Anordnungen übergeordnet sind.

Fünftes Standlied (Stasimon) des Chores

1115 *Namenreicher . . . Kadmostochter:* Das Lied, mit Tanz verbunden, ist an Dionysos gerichtet, der auch Bakchos hieß und mit vielen Kultnamen angerufen wurde, so als

Lysios oder Lyaios (›Löser von Übeln‹). Als Schutzgott von Theben war er zu Anfang zum Siegesfest der Stadt gerufen worden (V. 153 f.). Semele, die Tochter des Kadmos, ist seine Mutter.

1117 *Italias Ruhm:* 444 v. Chr. hatte Athen die Kolonie Thurioi in Unteritalien gegründet, in einer Gegend, in der Bakchos-Dionysos viel verehrt wurde, besonders als Mysteriengott.

1120 *Eleusischer Deo:* Demeter, auch Deo genannt, die Göttin des Getreidebaus, wurde in den Mysterien von Eleusis (nahe bei Athen) zusammen mit Dionysos verehrt, der als Kultgenosse der Demeter Iakchos hieß.

1121 *Bakchen:* die Anhängerinnen des Bakchos-Dionysos, vgl. die Tragödie des Euripides *Die Bakchen*. Da die Mutter des Gottes, Semele, aus Theben stammt, gilt die Stadt auch als seine Heimat und wird daher »der Bakchen Mutter« genannt.

1124 *Ismenos:* Fluß in Theben.

1125 *Unholddrachen:* vgl. Anm. zu V. 126.

1128 *Mänaden:* Frauen im Gefolge des Dionysos, die in ekstatischer Begeisterung an seinen Kultstätten tanzten, wie auf dem zweigipfligen Berg Parnaß in der Landschaft Phokis. Dort befindet sich die korykische Höhle, in der das Dionysoskind in einer nächtlichen Feier im Frühling aus dem Schlaf erweckt wird. Unterhalb des Parnaß entspringt die kastalische Quelle. Nysa, ein mythischer Ort, wo Dionysos von den Nymphen aufgezogen wurde, wird hier in Euböa lokalisiert, vgl. V. 1145 »vom tosenden Sund«: der Euripos, die Meerenge zwischen Euböa und dem griechischen Festland. Neben der Weintraube war der immergrüne Efeu dem Dionysos heilig, als Zeichen ewigen Lebens. Mit dem verzückten Ruf »Euoi« beschwor man die Erscheinung des Gottes.

1139 *die im Blitz dein genas:* Semele, schwanger von Zeus, begehrte ihn in seiner göttlichen Herrlichkeit zu sehen, und die feurige Gewalt seiner Blitze verbrannte sie. Zeus rettete das Kind und trug es in seinem Schenkel aus, daher heißt Dionysos »Zeusgeborner« (V. 1147).

1146 *Io! Gluthauchender Sterne Reigenführer:* Zur nächtlichen, ekstatischen Feier des Gottes leuchten die Sterne als himmlische Fackeln.

Schlußszene (Exodos): Bote – Eurydike – Kreon – Chor

1155 *Kadmos' und Amphions Burg:* Thebens Begründer Kadmos hatte die Burg Kadmeia errichtet, König Amphion, der Gemahl der Niobe, erbaute ihre Mauern.

1161 *beneidenswert:* bezieht sich auf die alte griechische Weisheit, niemand sei vor seinem Tode glücklich zu preisen, vgl. die Schlußverse des *König Ödipus.*

1185 *Pallas:* Pallas Athena, die Tochter des Zeus. Sie hatte dem Mythos zufolge bei der Geburt des Dionysos geholfen und wurde daher in Theben besonders verehrt.

1191 *Nicht unerprobt im Leid:* Eurydike hat schon ihren Sohn Megareus verloren, vgl. Anm. zu V. 995.

1199 *die Wegegöttin:* Hekate, oft dreigestaltig dargestellt, an Wegekreuzungen verehrt und mit der Unterweltsgöttin Persephone gleichgesetzt. Sie war durch die Entweihung der Gegend beleidigt worden, die der unbestattet daliegende Leichnam des Polyneikes verursacht hatte.

1200 *Pluton:* Hades, der Gott der Unterwelt.

1243 *ist der Unverstand:* wörtl. ›die Unberatenheit‹. Haimon konnte seinen Vater mit Worten nicht zur Einsicht bringen, er tut es jetzt als Toter, vgl. V. 1265 ff.

1244 *Die Herrin ging hinweg:* Die laute Klage bleibt Kreon vorbehalten, der damit gleichzeitig seine späte Erkenntnis zu dokumentieren hat. Der stumme, wirkungsvolle Abgang Eurydikes dient als Kontrast und entspricht zugleich der Ökonomie des Stückes.

1264 *von gleichem Blut:* Kreon hat gegen die Familienrechte verstoßen (vgl. V. 486 ff.) und wird jetzt durch den Verlust seiner nächsten Familienangehörigen bestraft.

1284 *Unversöhnlicher Hafen des Hades:* Vorher hatte Kreon gesagt, es sei nutzlos, Hades zu verehren (V. 780). Nun muß er dessen Macht anerkennen.

1294 *Du kannst es schaun:* Die Leiche der Eurydike wird mit dem Ekkýklema, einem hölzernen Gestell auf Rädern, aus dem Haus auf die Bühne geschoben.

1301 *klagte sie am Herd:* am Hausaltar, der dem Zeus Herkeios geweiht ist, vgl. Anm. zu V. 487.

1303 *gepriesner Tod:* weil er für die Stadt gestorben war, vgl. Anm. zu V. 995.

1334 *Handeln heißt es heute:* Das Notwendige muß besorgt werden, und das ist die Bestattung der Toten.

1336 *mein höchster Wunsch:* Kreon wünscht sich nur noch den Tod, vgl. V. 1330.

II. Die griechische Tragödie und der Tragiker Sophokles

Die griechische Tragödie ist ein religiöses Drama. Unter den verschiedenen Ursprungshypothesen erscheint diejenige besonders plausibel, die vom Namen ausgeht und ihn als »Gesang beim Bocksopfer« deutet. Diese Definition bezieht sich auf die Opferung eines Bockes zu Ehren des Dionysos und den dabei gesungenen Kulthymnus, den Dithyrambos. Dieses Lied wurde vorgetragen von einem Chor aus Mitgliedern der Gemeinde, die das Fest des Gottes feierte. Als Sohn des Zeus und einer Sterblichen, der thebanischen Königstochter Semele, gehörte Dionysos nicht zu den »leicht lebenden Olympiern« (Homer); mit seinen Taten und Leiden hatte er vielmehr ein Schicksal, das zu Reflexionen über die Götter- und Menschenwelt Anlaß bot. So war es möglich, daß in sein Kultlied und in das dazu gehörende Fest Elemente aus dem Heroenkult übernommen wurden, aus den Feiern zu Ehren der großen Helden des griechischen Mythos. Diese galten als menschlich-historische Gestalten, die durch ihr Geschick ins Göttliche erhöht waren und, wie später die christlichen Heiligen, Verehrung genossen. Die enge Verbindung von Heroenkult und Dionysosfeier bezeugt eine Nachricht Herodots (5,67). Ihrzufolge hat der Tyrann Kleisthenes aus Sikyon, wo man den Heros Adrastos mit Chorliedern ehrte, diese Chöre dem Dionysos gegeben, d. h., er fügte sie den damals entstehenden jährlichen Festfeiern für Dionysos ein. In Athen hat der Staatsmann Peisistratos um 560 v. Chr. die Großen Dionysien eingeführt, ein mehrtägiges Götterfest mit musischen Wettkämpfen, bei denen die Dithyrambenchöre aufgeführt wurden. Diese Chorlieder enthielten bereits dialogische Elemente, Wechselgesänge, sowie die Reflexionen des Dichters, und sie wurden auch tänzerisch gestaltet. Von hier aus war es nur ein, allerdings entscheidender Schritt, dem Chor einen Sprecher beizugeben, den ersten Schauspieler, der Hypokrités, wörtlich ›Antworter oder Ausleger‹, hieß. Es war wohl die geniale Tat des Dithyrambendichters Arion (um 600/580 v. Chr.) aus Lesbos (berühmt ist seine legendäre Errettung aus dem Meer durch die Delphine des Musengottes Apollon), der aus dem Gemeindekultlied die Urtragödie schuf (so Harald Patzer). In der Folgezeit traten dann noch zwei Sprecher hinzu, so daß nun ein Dialog zwischen Einzelpersonen möglich wurde. Die Herkunft der Tragödie aus dem Gemeindegesang erklärt die Bedeutung, die der Chor auch weiterhin behielt. Er repräsentiert die versammelte Festgemeinde.

Die Tragödie bleibt stets im kultischen Rahmen. Sie wird in Athen im Dionysostheater aufgeführt, am Fest der Großen Dionysien, bei denen der Gott in Gestalt seines Priesters selbst anwesend ist. Religiös bleibt auch ihre Thematik. Wie schon im Dithyrambos stehen im Mittelpunkt der Tragödie Taten und Leiden einer Gestalt des Mythos, der griechischen Götter- und Heldensage. In ihrem Schicksal vollzieht sich das Walten der Götter; als ein »theologisches Paradeigma« (Harald Patzer) wird es darstellenswert.

Das mythische Geschehen, wie das um Agamemnon und seine Familie, um Ödipus oder Herakles, war den Zuschauern bekannt und konnte vom Dichter in seinen Grundzügen nicht verändert werden. Das Wesen der griechischen Tragödie bestand also nicht, wie bei Dramen späterer Zeit, darin, das Publikum durch aufregende, neuartige Geschehnisse in Spannung und Erregung zu versetzen. Die Zuschauer erwarteten vielmehr, mit einer persönlichen Stellungnahme des Dichters zu dem als Thema gewählten Mythos konfrontiert zu werden. Hierdurch bestimmt sich auch die Wirkung der Tragödie. In der bekannten Definition des Aristoteles (*Poetik*, Kap. 6, 1449 b) heißt es, die Tragödie bewirke durch die Erregung von ἔλεος (éleos) und φόβος (phóbos) eine κάθαρσις (kátharsis), eine Reinigung von diesen Affekten. Lessing gibt die beiden vieldiskutierten Begriffe durch ›Furcht und Mitleid‹ wieder (*Hamburgische Dramaturgie*, 74. und 75. Stück). Heute befürwortet man die Übersetzung ›Jammer und Schauder‹ bzw. ›Rührung‹, da Aristoteles Elementaraffekte meine, gewissermaßen »Gänsehaut und nasses Taschentuch«, statt einer humanitär-moralisierenden Auffassung, wie sie bei Lessing vorherrsche (so Wolfgang Schadewaldt). Die in diesem Zusammenhang gebrauchten Vergleiche mit dem Publikum des elisabethanischen Theaters oder mit dem Empfinden eines heutigen ›einfachen Menschen‹ im Theater lassen jedoch den genannten Unterschied außer acht: Die Geschichte des Dänenprinzen Hamlet oder des Mohren von Venedig war den Landsleuten Shakespeares unbekannt, während jeder Athener das Schicksal des Ödipus kannte. Die Wirkung der griechischen Tragödie kann sich also nicht in Elementaraffekten erschöpft haben, sondern muß mit Reflexion verbunden gewesen sein, was sich aus der Begriffsbestimmung des Aristoteles in seiner *Rhetorik* auch ergibt (2,5 und 2,8). Zudem verwendet Aristoteles in der *Poetik* wechselweise mit ἐλεεινόν auch οἰκτρόν (Kap. 14, 1453b 14), das mit οἰκτίρειν ›beklagen, bemitleiden‹ zusammenhängt und an signifikanten Stellen in den Tragödien des Sophokles auftaucht. Man wird erwarten können, daß sich die Deutung des Aristoteles nicht im Widerspruch dazu befindet. In dem Drama *Die Trachinierinnen* (*Die Heimkehr des Herakles*) erwartet Deianira die Rückkehr ihres Gatten Herakles von einem seiner Abenteuerzüge. Er schickt ihr eine Gruppe kriegsgefangener Frauen ins Haus, bei deren Anblick Deianira von οἶκτος (›Mitleid‹) erfaßt wird und ›Furcht‹ (δέδοικα, V. 296 ff.) empfindet. Wie die vornehmen Mädchen, an ihrer Spitze die Königstochter Iole, zu heimatlosen Sklavinnen geworden sind, so kann jeder nach dem Willen der Götter vom Glück ins Unglück kommen. »Es bebe stets der Glückliche, daß ihm der Sturz nicht nahe sei. So hat gewaltiges Mitleid mich erfaßt, als ich diese Unglücklichen sah [. . .].« Die Furcht entsteht aus der Einsicht in die menschlichen Dinge; aus der Furcht aber entspringt das Mitleid, und dieses setzt sich ins Handeln um. Deianira nimmt die Mädchen freundlich auf und bleibt auch mitleidig (ᾤκτιρα V. 464), als sie erfahren muß, daß die Königstochter die Geliebte ihres Mannes ist, der ihretwegen ihre Stadt eroberte. Hat sie doch durch ihre Schönheit, ohne es zu wollen, die Heimat und sich selbst ins Unglück gebracht. Möge Zeus ihr selbst, so bittet Deianira, solch einen Glückswechsel ersparen! »Es ist die Furcht, daß die Unglücksfälle [. . .] uns selbst treffen können; es ist die Furcht, daß wir der bemitleidete Gegenstand selbst werden können. Mit einem Wort: diese Furcht ist das auf uns selbst bezogene Mitleid« (Lessing).

Furcht vor dem Umschlag des Glücks, Mitleid mit einem Geschlagenen, in dem man sich selbst sehen kann, und ein daraus entspringender tätiger Impuls – dies stellt Sophokles auch in seinem *Aias* dar. Als Odysseus vor Troja den im Wahnsinn rasenden Helden Aias erblickt, bemitleidet er ihn (ἐποικτίρω δέ νιν, V. 121), obwohl Aias ihn mit grimmigem Haß verfolgte und ihn sogar töten wollte. »Nicht nur sein Los erblick ich hier, nein, meines auch. Hier seh ich, was wir alle, die wir leben, sind: nichts als ein leeres Traumbild, Schatten ohne Halt.« Odysseus setzt sich für die Bestattung des Aias ein, die diesem verweigert werden soll. »In der Furcht um sich selbst macht sich der Betrachter fremdes Leid zu eigen« (Friedrich 1967, S. 195). In diesem Zusammenhang erscheinen die Begriffe Furcht und Mitleid auch für den Zuschauer der Tragödie als durchaus angemessen, ganz ohne christliche oder moralisierende Bedeutung, aus der typisch griechischen Einsicht in die condicio humana gewonnen.

Auch der Begriff der Katharsis, der Reinigung, kann nicht nur im Sinne einer elementaren Lust am dramatischen Spiel erklärt werden, wie dies, in Abwehr einer moralisch bessernden Deutung, vielfach geschieht. Die *Trachinierinnen* des Sophokles schließen mit dem Tod des Herakles, der, an unerträglichen Schmerzen leidend, sich auf dem Scheiterhaufen verbrennen läßt. Deianira hat ihm, um seine Liebe zurückzugewinnen, ein Gewand geschickt, das sie mit einem Saft tränkte, der als Liebeszauber wirken sollte, in Wirklichkeit aber ein tödliches Gift war. Als sie das Unheil erfährt, gibt sich Deianira den Tod. Kritik wird laut an den Göttern, die solches zuließen. Das Schlußwort des Chores aber lautet: »Und in alledem ist nichts, was nicht Zeus ist.« Um zum Verständnis jener Worte und damit zur rechten Würdigung des Dramas zu kommen, bedarf es der Reflexion. Der Zuschauer mußte sich den Mythos des Herakles ins Gedächtnis rufen. Der Heros erlebt am Ende seines Lebens die Apotheose: Nach dem Willen der Götter geht er durch seinen Feuertod auf dem Berge Oeta zu den Unsterblichen ein. Er selbst und Deianira wirkten ohne ihr Wissen auf dieses Ende hin. Solche Wege wählen die Götter, um ihre Ziele zu erreichen. Und erst wenn der Zuschauer das Seine an Gedankenarbeit beiträgt, kann er jene Katharsis erreichen, die eine Klärung ist: Befreiung und Entspannung von den durch die Handlung verursachten Irritationen. Die Tragödie verfolgt keine moralischen Zwecke; sie bietet jedoch, ihrem kultischen Rahmen entsprechend, als tiefsten Grund der lustvoll-tragischen Erschütterung, eine Einsicht in das Wesen des Göttlichen und Menschlichen, die trotz aller Leiden befreiend wirkt.

*

Sophokles, aus dem athenischen Bezirk Kolonos, um 497/496 v. Chr. geboren, war ein Zeitgenosse der beiden anderen großen Tragödiendichter Athens, des Aischylos (525/524 bis 456) und des Euripides (um 480–406). Nach der Schlacht von Salamis (480 v. Chr.), bei der Aischylos mitgekämpft hatte, soll Sophokles als Jüngling den Chor beim Siegesreigen angeführt haben. Sophokles nahm am Leben seiner Stadt tätigen Anteil und bekleidete hohe Ämter, er übte auch priesterliche Funktionen im Kult athenischer Heilgottheiten wie des Asklepios aus. Die Überlieferung stellt ihn als einen Mann dar, den die Musen mit einem harmonischen, gewinnenden Wesen beschenkt hatten. Sein Werk zeigt ihn als einen Künstler, der den tragischen Inhalt seiner Stücke durch Maß und Ausgewogenheit der Form im Gleichgewicht hielt.
Von seinen über 100 Tragödien sind uns (wie von Aischylos) nur sieben erhalten geblieben, die zwischen 468 und postum 401 aufgeführt wurden. Es sind *Aias*, *Antigone*, *Die Trachinierinnen* (*Die Heimkehr des Herakles*), *König Ödipus*, *Elek-*

tra, *Philoktet*, *Ödipus auf Kolonos*. 406/405 ist er in Athen gestorben.
Zur Entwicklung der dramatischen Technik hat Sophokles Bedeutendes beigetragen. So erhöhte er die Zahl der Chormitglieder von zwölf auf fünfzehn und fügte der Szene den dritten Schauspieler hinzu. Während bei Aischylos noch das Chorlied und die Rede des Schauspielers dominieren, macht Sophokles den Dialog zum Mittelpunkt des dramatischen Geschehens. Der Chor ist wie bei Aischylos entweder Gemeindechor, d. h. er besteht aus Bürgern der Stadt, wie in der *Antigone* oder im *König Ödipus*, oder er setzt sich als Gefährtenchor zusammen aus Begleitern der Hauptpersonen, wie in der *Elektra* oder im *Philoktet*. Er ist bei Sophokles jedoch, wie Aristoteles bezeugt (*Poetik*, Kap. 18, 1456a 26), als Mitspieler in die Handlung einbezogen. In der Aussage des Chors hört man also nicht, wie z. B. in Aischylos' *Agamemnon*, stets die Stimme des Dichters, die das Geschehen theologisch deutet, der Chor urteilt vielmehr oft aus der Perspektive der Rolle heraus, also etwa der älteren Bürger Thebens in der *Antigone*. Seine Meinungen sind daher jeweils auf ihren objektiven Gehalt hin zu überprüfen, zumal der Chor als Rollenfigur auch in doppelsinniger Rede, in tragischer Ironie und unbewußtem Vorausdeuten, sprechen kann. Ob dem Zuschauer eine Verständnishilfe durch die Mittel des Theaters geboten wurde, die uns verloren sind, durch unterschiedliche Tanzfiguren oder eine Modulation der Musik, kann nur vermutet werden.
Während Aischylos noch die Form der Trilogie bevorzugt hatte, also einen Mythos jeweils in drei aufeinanderfolgenden Stücken dramatisierte, wählte Sophokles die Tragödie als einzelnes Stück. Diese Änderung deutet auf eine gewandelte Sicht des Tragischen. In den drei Teilen der *Orestie* des Aischylos (*Agamemnon*, *Die Totenspende*, *Die Eumeniden*) enthüllt sich das Walten des Geschlechterfluchs, der auf der Atridenfamilie lastet und ihre Mitglieder in Schuld und Unglück verstrickt. Das Atridendrama des Sophokles, *Elektra*, steht für sich, ebenso wie sein *Ödipus*, der nicht, wie in

Aischylos' verlorener Trilogie, sein Schicksal erfüllt, weil er den Fluch der Väter büßt. Für Sophokles entwickelt sich das Schicksal aus dem Wesen des Menschen. Er stellt in Ödipus die große Persönlichkeit dar, den Klugen, Selbstsicheren, der das Rätsel der Sphinx gelöst hat und sich anmaßt, der Erfüllung des Orakelspruchs entgehen zu können. »Ungeheuer ist viel und nichts ungeheurer als der Mensch«, heißt es in dem berühmten Chorlied aus der *Antigone*. Gerade durch seine großgeartete Natur neigt der Mensch dazu, die Grenzen zu überschreiten, die ihm als einem Sterblichen von der Gottheit gesetzt sind. Er verletzt die göttlichen Ordnungen und zieht sich seinen Untergang zu, nicht so sehr durch eine persönliche, moralisch anrechenbare Schuld, als vielmehr durch ein Verfehlen des Götterwillens infolge mangelnder Einsicht. Dieses Verfehlen kann auf Verblendung beruhen, auf einer Scheinsicherheit, es kann aber auch in bester Absicht erfolgen, ja es scheint oft geradezu unvermeidbar und damit tragisch. Auch Menschen, die sich keiner Verfehlung schuldig gemacht haben, müssen leiden, weil ihr Schicksal, ohne daß sie es wissen, Teil eines göttlichen Planes ist. Aus dem Verfehlen des Götterwillens oder seiner Unerkennbarkeit ergibt sich die Tragik bei Sophokles. Dennoch ist er überzeugt, daß die Götter, obwohl rätselhaft und undurchschaubar, gerecht handeln, wenn sie die verletzte Ordnung wiederherstellen. Am Schluß seiner Tragödien enthüllt sich der göttliche Plan, und es gilt anzuerkennen: »Und in alledem ist nichts, was nicht Zeus ist« (vgl. S. 27f.).

III. Der Handlungsverlauf der *Antigone*

Das Drama nimmt seinen Ausgang von dem Bestattungsverbot für Polyneikes, das Kreon angeordnet hat. Eine Interpretation, die den Intentionen des Dichters möglichst nahekommen will, muß vom Verständnishorizont derjenigen ausgehen, für die Sophokles das Stück geschrieben hatte. So ist zunächst zu fragen: Wie wurde dieses Bestattungsverbot von den Zuschauern aufgefaßt, die in Athen am Fest der Großen Dionysien im Frühjahr 442 v. Chr. die Aufführung der *Antigone* erlebten?

Schon zu Homers Zeiten war es ein ungeschriebenes Gesetz, daß dem Toten sein Grab gebühre. Nur wenn er bestattet ist, kann er in die Unterwelt eingehen und dort Ruhe finden, sonst muß die Totenseele unstet umherirren und kann als Geist den Lebenden Schaden zufügen. In der *Ilias* (jedem Griechen aus der Schule bekannt) erscheint der gefallene Patroklos dem Freund Achilleus im Traum und bittet ihn, seine Bestattung nicht aufzuschieben und ihm das Eingehen in den Hades zu gönnen (23,65 ff.). Die Götter zürnen Achilleus und senden ihm eine mahnende Botschaft, als er dem von ihm getöteten Hektor die Bestattung verweigert und ihn den Hunden und Vögeln zur Beute preisgibt (24,23 ff.). In der mythischen Geschichte der Niobe, die in der *Ilias* erzählt wird, bestatten die Götter sogar selbst die Toten, da sie deren Angehörige in Stein verwandelt haben (24,610 ff.). Der athenische Gesetzgeber Solon hatte die Rechte der Verstorbenen in einem Gesetz festgelegt, in dem er darauf hinweist, daß es das Gemeinwohl erfordere, Feindschaften nicht übers Grab hinaus dauern zu lassen (Plutarch, *Solon* 21). Ein von einer Priesterschaft erlassenes Gebot forderte von den Athenern sogar, einen fremden Leichnam, den sie unterwegs antrafen, wenigstens symbolisch zu bestatten, indem sie einige Hände Staub darüberstreuten. Wer es nicht tut, so heißt es, den trifft ein Fluch; er macht sich eines ἄγος (hágos) schuldig, einer Befleckung (*Schol. Ant.* 255). Eine solche Befleckung, auch

μίασμα (míasma) genannt, ist eine schwerwiegende religiös-soziale Verfehlung, die wie eine ansteckende Krankheit die Gemeinschaft aller Bürger trifft und Entsühnung verlangt. Im *König Ödipus* ist der Vatermord des Ödipus und sein Inzest mit der Mutter ein solches miasma für ganz Theben, das sich ›materialisiert‹ in der Pest, die die Bevölkerung befällt. Dem Gesetz Solons getreu hatten die Athener nach der Schlacht von Marathon 490 v. Chr. auch die gefallenen Perser bestattet. Landesfeinde und Vaterlandsverräter setzte man nicht im engsten Umkreis der Stadt bei, aber ein Grab wurde ihnen nicht verweigert. »Einen Leichnam zu schänden, mag sich für Barbaren geziemen, aber nicht für Hellenen, und selbst jenen verargen wir es«, sagt der Spartanerkönig Pausanias (Herodot 9,79,1).
Die Pflicht, Tote zu bestatten und die Folgen einer Unterlassung waren den Zeitgenossen des Sophokles also hinreichend bekannt. Daß es im Interesse des Staatswohls sei, Polyneikes das Grab zu verweigern, mochte die Zuschauer daher kaum überzeugen, und sie hörten wohl auch genauer als der heutige Theaterbesucher darauf, wie Sophokles dieses Verbot formuliert hatte. »Das ist mein Wille«, meine Gesinnung, läßt er Kreon sagen (V. 207), und der Chor antwortet: »Du bestimmst, es soll dem Freund und Feind des Staates so ergehn« (V. 211 f.). Als der Wächter seinen Bericht erstattet, ist es für ihn, den einfachen Mann, klar, daß hier eine symbolische Bestattung vorgenommen wurde, um den Fluch, das hagos, zu bannen (V. 256), ganz so, wie es der religiöse Brauch vorschrieb. Auch der Chor denkt in diesen Bahnen, denn er äußert sogleich die Vermutung, daß hier ein Mitwirken der Götter vorliege (V. 278), die die Rechte der Toten schützen. Kreon reagiert mit Zorn und Ablehnung. Die Bürger sollen schweigen, sonst müßte es von ihnen heißen, sie seien nicht nur alt, sondern Toren, ohne Verstand (V. 281). Der Zuschauer mochte sich fragen: Wie kann man diejenigen, die von den Göttern sprechen, Toren nennen? Wer ist hier ohne Verstand? Verständig sein, Einsicht haben, sich nicht unberaten, sondern wohlberaten zeigen, diese Forderungen

werden wegweisend im Verlauf der Handlung immer wieder gestellt, bis zum letzten Vers des Dramas. Gerade weil es für den Menschen schwierig ist, das Richtige, und das heißt immer: den Willen der Gottheit, zu erkennen, soll er nicht uneinsichtig auf seinem Standpunkt beharren und, blind für einen Wink des Schicksals, die Wahrheit verfehlen. Im Zorn des Kreon dokumentiert sich freilich, wie später bei Ödipus, die mangelnde Bereitschaft, auf einen anderen zu hören, ja ihm überhaupt nur zuzuhören (vgl. V. 751). Kreon versteht nicht, was die Bürger meinen. Er denkt nur nach seinem Freund-Feind-Schema, in das er auch die Götter einbezieht. Wer anderer Meinung ist als er, kann nur ein Regimegegner, ein Staatsfeind sein.

Kreon steigert sich in die Vorstellung von einer Untergrundbewegung hinein, die wohlorganisiert ist und mit Bestechung arbeitet. Hinter einer Fülle von Gemeinplätzen – jeder für sich richtig, hier aber abwegig – verbarrikadiert sich Kreon, so daß selbst der Wächter bedenklich äußert: »Furchtbar, wenn einer glaubt und glaubt verkehrt« (V. 323). Der Wächter bezieht sich auf den irrigen Vorwurf der Bestechung; das Wort, das er für glauben gebraucht (δοκεῖν, dokein), hängt zusammen mit dem Begriff der dóxa (δόξα), des Scheins im Gegensatz zur Wahrheit, der zugleich das Trugwissen, die Scheinsicherheit, bezeichnet. Die Person des Kreon war damit für den Zuschauer eindeutig charakterisiert, und dieser war nun eingestimmt, auf die Mehrdeutigkeit der Worte zu achten und sich manches zu merken, was offenbar vorausdeutenden Sinn hatte und sich erst später enthüllen würde, wie in jenem Chorlied von der Größe des Menschen, die ihn bald zum Guten, bald zum Bösen treibt.

Man mag sich heute fragen: Darf man die griechische Tragödie so ›beim Wort nehmen‹, hörte der Zuschauer dies alles mit und behielt er es? Dazu ist zu bedenken, daß die griechische Tragödie auf das Wort gestellt war. Es gab keine aufwendigen Bühnendekorationen, die ablenkten, keine schwer nachvollziehbaren Regieeinfälle, über die man nachgrübeln mußte, die Handlung war in ihren Grundzügen bekannt, und die

Aktion, ob Mord oder Selbstmord, fand jeweils hinter der Bühne statt. Die Schauspieler waren durch Maske und Kothurn in ihrer Bewegungs- und Ausdrucksmöglichkeit begrenzt, und so herrschte auf der Bühne in der Tat das Dichterwort, in das sich der Zuschauer ›einhörte‹. Er war an die Ausdrucksform des Dramas gewöhnt, denn der Besuch der Tragödienaufführungen gehörte zu den religiösen Pflichten des Atheners am Dionysosfest.

Die Handlung der *Antigone* ist gegliedert durch die Staatsrede Kreons und die Szenen Kreon – Antigone, Kreon – Haimon und Kreon – Teiresias. Es könnte hiernach scheinen, als sei Kreon die eigentliche Hauptfigur des Dramas, doch hängt dies mit der oben erwähnten Eigentümlichkeit des griechischen Theaters zusammen, die Handlung hinter die Bühne zu verbannen. Kreon gibt durch sein Edikt den Anstoß, die Handelnde aber und damit die wahre Protagonistin ist Antigone. Da aber beide im Agieren und Reagieren so eng und unlösbar aufeinander bezogen sind, kann man von einem Zweipersonenstück sprechen, wie es Sophokles auch in den *Trachinierinnen* und im *Philoktet* auf die Bühne gebracht hat.

Im Dialog mit Kreon rechtfertigt Antigone ihre Tat. Sie hat dem Bruder die Totenehren erwiesen, weil es die »ungeschriebnen Gottgebote« (V. 454) so fordern, jenes von der Natur gegebene Sittengesetz, das für jeden Menschen bindend ist. Danach muß man die Toten, die Blutsverwandten und die Schutzflehenden ehren. Auch im *König Ödipus* nennt Sophokles als oberste Instanz jene Gesetze, die im Olymp von der Gottheit gewirkt wurden, alterslos, immer gültig, menschlicher Vergänglichkeit entrückt (V. 865 ff.). So unterscheidet Antigone zwischen dem Befehl Kreons, eines Sterblichen, und den ungeschriebenen Gesetzen der Götter. Sie fühlt sich ihren toten Angehörigen so nahe, daß auch sie im Bewußtsein ihres Todes lebt. Daher ist es für sie selbstverständlich, daß sie den ewigen Gesetzen den Vorrang gibt, denn sie ist gewärtig, von den Göttern im Tode zur Rechenschaft gezogen zu werden.

Kreon geht auf Antigones Argumentation nicht ein; wie

schon dem Chor gegenüber kann er sich das Göttliche nur in seinem eigenen machtpolitischen Denkschema vorstellen. Bezeichnenderweise ist nun nicht mehr vom Wohl der Stadt die Rede, Kreon sieht sich in einem Machtkampf. Seine Vergleiche mit hartem Stahl und widerspenstigen Pferden verweisen Antigone in die Rolle einer Untertanin, deren Trotz gebrochen werden muß. Wie er zuvor angebliche Verschwörer treffen wollte, so meint er sich nun durch hartes Vorgehen absichern zu müssen, um als Mann nicht von einer Frau überspielt zu werden. Ismenes ängstliche Unruhe deutet er als »verschwörerisches« Rasen. Wieder umgibt sich Kreon mit Sentenzen, die allgemein zwar richtig, hier aber unzutreffend sind. Er hält an seiner Position fest und ist überzeugt, recht zu handeln, indem er auch für Verwandte keine Ausnahme macht. So verschwört er sich geradezu gegen alle Ansprüche der Blutsverwandtschaft, verkörpert in Zeus Hérkeios, dem Sippenschützer, der im griechischen Text beziehungsvoll mit Namen genannt wird (V. 487). Dem Zuschauer, der den Namen des Gottes hörte, dessen Altar im Vorhof jedes Hauses stand, mußten Kreons Worte jedoch bedenklich vorkommen.

In der folgenden Stichomythie, der Wechselrede von Vers zu Vers, werden die Standpunkte der beiden Hauptpersonen nochmals klar voneinander abgegrenzt. Antigone bleibt dabei, recht gehandelt zu haben, indem sie ihren Bruder bestattete, den Gesetzen des Hades getreu. Kreon verharrt in seinem Freund-Feind-Schema, das Antigone mit ihrem Ausspruch: »Mitlieben, nicht mithassen ist mein Teil« (V. 523) aufzubrechen versucht. Das berühmte Antigonewort gilt keiner allgemeinen Menschenliebe, sondern verurteilt Kreons unversöhnlichen und unmenschlichen Haß über den Tod hinaus. Antigone ist überzeugt, daß zwischen den Brüdern jetzt kein Haß mehr, sondern Liebe herrscht, an der sie teilnehmen will. Der Ausspruch ist aber auch nicht nur auf familiäre Bindung, auf ein ›Clanbewußtsein‹, einzugrenzen und von jedem humanitären Anspruch fernzuhalten. Sophokles hatte in seiner der *Antigone* vorausgegangenen

Tragödie *Aias* ebenfalls das Thema der Bestattung eines Feindes behandelt. Der Griechenheld Aias hatte vor Troja in gottgesandtem Wahnsinn die Führer der Griechen ermorden wollen und sich dann selbst den Tod gegeben. Während die Feldherren Agamemnon und Menelaos ihm die Bestattung verweigern wollen, setzt Odysseus, der Todfeind des Aias, dessen Begräbnis durch. Auf Agamemnons Frage: »Was tust du? Ehrst du deines Feindes Leiche denn?« antwortet Odysseus: »Ich haßt' ihn, als der Haß noch ziemend war« (V. 1347; 1356). Jetzt will er selbst mithelfen, Aias zu begraben, nachdem diesen das Los aller Sterblichen getroffen hat, und fordert, ganz wie Antigone, ein Ende des Hasses angesichts des Todes. Die Zuschauer kannten Sophokles' *Aias*, der, 468 v. Chr. aufgeführt, inzwischen auch als Textbuch im Umlauf war. Sie mußten auch den uneinsichtigen Kreon mit Agamemnon vergleichen, der sich, ungeachtet seiner durch Aias verletzten Herrscher- und Feldherrnwürde, von Odysseus überzeugen ließ.

Antigones Wort von der Liebe zu den Toten wird von Kreon aufgenommen und ironisch verkehrt. Sie soll die drunten lieben, ja sie soll selbst hinuntergehen. Was Spott sein soll, wandelt sich zur tragischen Ironie: Antigone wird als Hadesbraut ihren Bräutigam finden. Ismene, deren Rolle von Sophokles nicht nur als Folie zu Antigone gestaltet ist, macht den Versuch, eine Gemeinsamkeit der letzten Ödipusverwandten herzustellen, und bringt Haimon ins Spiel, Kreons Sohn und Antigones Verlobten. Kreon könnte seine Absage an Zeus Herkeios, den Gott der Familie und des häuslichen Herdes, seinem Sohne zulieb zurücknehmen. Er tut es nicht, sondern sendet Antigone auf den Weg des Todes.

Das folgende Chorlied bringt eine allgemeine theologische Reflexion, die um den Begriff der Ate kreist, eines der Urworte der Tragödie. Ate bedeutet ebenso Unheil wie auch Verblendung und lebt seiner dämonischen Macht wegen sogar als Göttin Ate im Bewußtsein der Menschen. Keines Menschen Leben erfüllt sich frei von Ate, von Unheil und Verblendung. Eitle Hoffnung, Betörung täuscht den

Ahnungslosen, ja ein altes weises Wort sagt sogar, daß die Gottheit selbst den Menschen verführt und in Ate verstrickt, indem sie ihn das Schlechte für das Gute halten läßt. Mit dem Hinweis auf das Sprichwort: »Wen die Götter verderben wollen, den verblenden sie zuvor«, legitimiert Sophokles die Aussage des Chores als eine allgemeingültige. Sie bietet Anlaß zum Nachdenken, bevor das Geschehen der Katastrophe zutreibt.

Indem der Chor keine bestimmte Person anspricht, sondern vom Geschlechterfluch des Ödipushauses auf die gefährdete existentielle Situation des Menschen kommt, erregt er Anteilnahme beim Zuschauer. Dieser hatte vielleicht bisher gemeint, Kreon könne doch leicht mit ein wenig mehr Einsicht und gutem Willen alles zum Besseren wenden. Zum Menschen aber gehört Ate – es ist seine Tragik, daß er so befangen ist in seinen Vorstellungen, die er für unbedingt richtig und verteidigenswert hält, und tragisch ist es vor allem, wenn es den Anschein hat, daß die Gottheit den Menschen selbst noch in seinem Wahn bestärkt und ihn um so sicherer ins Unheil stürzt.

Der Auftritt Haimons, des jungen Königssohnes, der Kreon wie Antigone gleichermaßen verbunden ist, hellt die Stimmung zunächst wieder auf. Der Dialog beginnt in scheinbar engster Gemeinschaft (»Dein bin ich, Vater«, V. 635), um in schroffer Trennung zu enden. Der Chor wie Kreon erwarten, daß Haimon um seiner Verlobten willen kommt. Doch es geht ihm, wie er sagt, um seinen Vater, um sich selbst und um die unterirdischen Götter (V. 749). Sophokles hat auf eine Szene Haimon – Antigone verzichtet, da es sich nicht schickte, daß eine Jungfrau, eine Königstochter, einem Mann ihre Liebe gesteht. Noch Vergil begnügt sich in der *Aeneis*, statt einer Begegnung des Aeneas mit Lavinia, mit dem knappen Bild des errötenden Mädchens (12,64 ff.). Ebenso knapp, aber deutlich verweist Sophokles durch Ismenes anteilnehmende Worte (V. 570) auf die Verbundenheit der Brautleute. Haimons Zuneigung wird mehr als durch alle Worte durch seinen Selbstmord bewiesen. So kann Sophokles um der

Ökonomie seines Stückes willen auch auf die Rolle Haimons als Fürsprecher Antigones verzichten; Kreons vorwegnehmende abschlägige Antwort (V. 648 ff.) genügt. Haimon erhält vielmehr einen wichtigen Part in der geistigen Auseinandersetzung innerhalb des Stückes zugewiesen. Er ist der Königssohn, der künftige Herrscher Thebens, und er wird in einer Grundsatzdebatte zur Gegenfigur Kreons. Durch Haimon, den Thronfolger, werden Kreons Maximen vom politischen Standpunkt aus einer Prüfung unterzogen. Diese endet vernichtend für Kreon. Haimon erklärt seinem Vater, daß das Volk nicht auf seiner Seite steht, sondern insgeheim Antigone und ihre Tat preist. Er führt ihn zu dem Eingeständnis, daß er ein Tyrann ist, denn er hält die Stadt für sein Eigentum und fordert uneingeschränkten Gehorsam, ob zu Recht oder Unrecht. So herrsche er am besten in der Wüste, entgegnet Haimon. Und als Kreon darauf pocht, daß er nur des Herrschers Würde heilig halte, antwortet Haimon: »Heilig – und trittst der Götter Recht mit Füßen!« (V. 745.) Mit aller Deutlichkeit werden Kreons politische Maximen hier entlarvt und verurteilt, und daß Haimon im Recht ist, wird von Teiresias bestätigt, dem er als erster Warner vorausgeht. Die Begegnung Haimons mit seinem Vater ist eine Schlüsselszene, denn sie beweist, daß es in einem gesunden, wohlgeleiteten Staatswesen keinen Prinzipienstreit geben muß. Mit Haimon als Herrscher würde das Recht der Götter respektiert, und es wäre gar nicht zu einem solchen Konflikt gekommen. Um dies hervorzuheben, hat Sophokles die persönlichen Bindungen zurücktreten lassen; wir hören nichts von der Liebe der Verlobten, nichts von Antigones Familienpflicht, es geht um die rechte Führung der Polis und um das göttliche Gesetz, und im letzten um Einsicht, Wohlberatenheit. Sie ist das höchste aller Güter, aber Kreon verfehlt sie, da mit ihm keine Kommunikation möglich ist: »Du willst nur reden, gar nicht reden lassen« (V. 751). Kreon verschanzt sich hinter Vorurteilen: Wie er vorher Verschwörer und Bestochene witterte, so tut er Haimon nun als »Weibshörigen« ab, einen jungen Burschen, der ihm zumuten wolle, von ihm zu lernen. Er ist in der Tat taub, nicht nur was seine politischen Maximen angeht, sondern auch für seine Nächsten. So faßt er Haimons letzte Worte, mit denen dieser seinen Selbstmord ankündigt, als Morddrohung auf, nur um sein eigenes Ich kreisend, unfähig und nicht willens zu erkennen, was in seinem Sohn vorgeht. Hier aber beginnt sich seine Verblendung gegen ihn selbst zu richten: Ate in ihrer furchtbaren Doppeldeutigkeit hat ihn ergriffen.

Das folgende Chorlied (V. 781 ff.) leitet über zur letzten Szene Antigones. Der Chor preist Eros, den Liebesgott, und seine Mutter Aphrodite als ewige Lebensmächte, die »hohen Gesetzen zur Seite thronen«. Wie schon beim Lied von der ambivalenten Größe des Menschen sind die Aussagen des Chores mehrdeutig. In seiner Rolle als Vertreter der älteren Bürger von Theben hält er an seiner Auffassung fest, daß Haimon aus Liebe zu Antigone seinem Vater entgegengetreten ist. Mit dem Lied auf Eros eröffnet Sophokles zugleich den Blick auf einen bisher ausgesparten Bereich und bereitet damit den letzten Auftritt seiner Heldin vor. Antigone ist nicht nur die kompromißlose Streiterin für göttliches Recht, sie ist ein junges Mädchen auf dem Weg zur Frau und Mutter, und diese naturgemäße Erfüllung ihres Lebens wird ihr versagt bleiben.

Im Zwiegesang mit dem Chor beklagt Antigone ihr Los, das sie »unbeweint, ungeliebt, unvermählt« (V. 876) dahinrafft. Von der Heimat, vom Sonnenlicht muß sie scheiden, ohne die Hochzeit erlebt zu haben, Ehe und Kinder. Die leidenschaftliche Klage zeigt, daß Antigone, obwohl aufs engste ihren Toten verbunden, nicht von Todessehnsucht beherrscht wird, sondern als junger Mensch den Wert des Lebens zu schätzen weiß. Es fehlte ihr eine Dimension, wenn sie nicht in diesem schmerzlichen Abschied dargestellt würde. In der Konfrontation mit dem Chor vermag Sophokles die tragische Vereinsamung seiner Heldin vor Augen zu führen. Sie erhält nicht den erwünschten Trost und die rückhaltlose Billigung ihrer Tat. Die Alten stellen ihr vor Augen, daß sie sich ihr Schicksal selbst zugezogen habe, indem sie sich gegen den Befehl des

Herrschers auflehnte. »Unüberschreitbar aber bleibt der Machtbefugten Machtgebot« (V. 873 f.). Man kann fragen, ob sich hieraus eine Schuld der Antigone ergibt, »weil sie bei aller Frömmigkeit ihrer Tat doch mit dem durch sie notwendigen Ungehorsam gegen den Herrscher ein göttliches Recht verletzt hat, [. . .] nach dem die Befehlsgewalt eines rechtmäßigen Herrschers kein Zuwiderhandeln zulassen darf« (Patzer, 1978, S. 96). Doch ist dies wirklich die Meinung des Sophokles oder eher die subjektive des Chores als eines Mitspielers mit beschränkter Perspektive? Hat nicht Haimon zuvor eine solche Argumentation ausdrücklich zurückgewiesen? Es gibt kein Recht der Herrschaft wider das Recht der Götter, betonte er, ganz wie später Teiresias. Der Chor befindet sich in der Rolle der älteren und daher konservativen Mitbürger, die im Streit der Jungen gegen die Alten, der Frau gegen den Mann, des Sohnes gegen den Vater eine bedrohliche Störung der althergebrachten Ordnung sehen, von der sie sich trotz persönlicher Sympathien distanzieren. Die Alten dokumentieren ihre eingeengte Perspektive, indem sie sich nur die sinnverwirrende Macht des Eros als Triebfeder für Haimons Auftreten gegen seinen Vater vorstellen können. Indem sie Antigone nun klarmachen, daß sie zwangsläufig in Konflikt mit der Staatsgewalt geraten ist, nennen sie im gleichen Atemzug auch den Geschlechterfluch als Ursache für ihr Geschick. Neben solchen für Sophokles irrelevanten Begründungen kann die Meinung von einer in jedem Falle rechtmäßigen Befehlsgewalt nur als weiterer Beweis einer beschränkten Sicht verstanden werden. Der Chor wahrt weiterhin seine furchtsame Loyalität und wehrt alles ab, was die Norm und damit sein Fassungsvermögen überschreitet. Die Argumentation hat ihren Zweck im Verlauf der Szene: Zur Feindschaft des Kreon kommt noch die Verständnislosigkeit ihrer Mitbürger, die Antigone vollends in die Einsamkeit treibt, so daß sie sich von Menschen und Göttern verlassen wähnt. Die Götter werden am Ende bestätigen, daß Antigone recht gehandelt hat. Dennoch wird sie nicht vom Tod errettet; die Götter messen mit anderen Maßstäben als die Sterblichen.

Aus dieser unüberbrückbaren Kluft ergibt sich für Antigone die äußerste, schmerzlichste Erfahrung der Einsamkeit. Wie ihr letztes Wort beweist, wird sie jedoch nicht irre an ihrem Recht.

Mit dem Seher Teiresias betritt der letzte Warner die Szene. Alle Personen, mit denen Kreon zusammentraf, trugen ihm ein Stück Wahrheit entgegen: der Wächter, der Chor, Antigone, Haimon. Nun zeigt Teiresias die Wahrheit von der höchsten Warte; er spricht mit der Autorität des Gottgesandten. Durch Kreons Sinn, durch die aus seiner Gesinnung folgende Handlungsweise, ist die ganze Stadt krank, verseucht. Das miasma, die Befleckung durch das Bestattungsverbot, hat sich wie eine Krankheit über die Stadt ausgebreitet, im religiösen Sinn, aber auch physisch, in der Art einer Seuche, durch das Verstreuen der Leichenteile. Was Antigone und Haimon schon erklärten, erhält hier die letzte Bestätigung: Kreon kann kein Recht als Herrscher haben, wenn er durch seine Befehle, »durch seinen Sinn die Stadt verseucht« (V. 1015). Wenn einer der Bürger diesen Befehlen folgt, trägt er selbst dazu bei, die Krankheit bei seinen Mitbürgern auszubreiten. Die Ordnung ist gestört – die Götter nehmen keine Opfer mehr an. Kreon hat durch seine Handlungsweise die Bürger von der Bindung an das Göttliche abgeschnitten. Teiresias bezeichnet ihn folgerichtig als Tyrannen (V. 1056). Platon nennt die Tyrannis eine Krankheit für den Staat (*Politeia* 544 c). Wieder wird Kreon gemahnt, einsichtig zu sein. Teiresias verweist wie Haimon auf die Fehlbarkeit des Menschen, für den es deshalb das beste sei, guten Rat anzunehmen, wohlberaten statt unberaten zu sein. Kreon aber verharrt in seiner Verblendung, die sich zu einer Art Verfolgungswahn steigert. Alle sind gegen ihn verschworen und bestochen, auch die Priester sind im Komplott. Er schmäht nicht nur den Seher, sondern versteigt sich zu Frevelworten gegen Zeus selbst. Ihm graut nicht vor Entweihung – hier fällt das Wort miasma (V. 1042) –, selbst wenn Zeus' Adler die Leichenteile vor den Thron des höchsten Gottes schleppten, will er Polyneikes nicht bestatten lassen. Denn, so behauptet er, kein Mensch vermöchte Götter zu entweihen (V. 1044). Kreon legt eine opportunistische, spitzfindige Scheinreligiosität an den Tag, indem er die Größe und Erhabenheit der Götter hervorhebt, die sich nicht um Menschliches kümmerten, was er zum Freibrief für sein Handeln nimmt. Den Zynismus der Äußerung verstand der antike Zuschauer besser als der heutige: Was die Adler zum Throne des Zeus emportragen, ist im Mythos der schöne Knabe Ganymed; statt dessen hier ein zerfetzter, verwesender Leichnam! Teiresias, in seiner Würde aufs äußerste verletzt, wird vom Warner zum Propheten; die Peripetie der Handlung setzt ein.

Um die gestörte Ordnung wiederherzustellen, erfolgt Vergeltung in Form der Talion, der ausgleichenden Gerechtigkeit: Der Täter muß leiden, was er zugefügt hat (V. 1076). So hat Kreon jemanden aus seinem Blut hinzugeben, da er den Göttern der Unterwelt den Polyneikes vorenthalten und den Göttern der Oberwelt Antigone entzogen hat – einen Toten ohne Grab und eine Lebende im Grab. Die Talion wird noch weitergehen, Kreon wird zwei Familienmitglieder verlieren.

Erst jetzt, da Kreon sich persönlich betroffen fühlen muß, erfolgt sein Einlenken. Er handelt noch nicht aus Einsicht, sondern will verhindern, daß er noch härter getroffen wird. Bezeichnenderweise äußert er nichts davon, daß er – im Sinne einer Antinomie – als Herrscher des Staates auf seiner Anordnung bestehen müsse. Das Nachgeben fällt ihm schwer; sich dazu durchzuringen, ist sein einziges Problem. Mehr aus Druck denn aus Einsicht erfolgt auch seine Anerkennung der bestehenden Gesetze, zu der ihn Antigone erfolglos aufgefordert hatte. Er sieht aber, daß seine Verordnungen Menschenwerk waren und das Richtige verfehlten.

Auch mit dem nun folgenden Chorlied weist der Dichter mit allem Ernst auf seine religiöse Sicht des Dramas hin: »Sophokles ist als Dichter Theologe und macht theologische Aussagen« (G. Müller, 1967, S. 11). Die ganze Stadt ist von Kreons Handeln betroffen und bedarf der Reinigung. Die Thebaner singen und tanzen einen kultischen Reigen zu

Ehren des Stadtgottes Dionysos, der, besonders in seiner Funktion als Mysteriengott, Heilung, Entsühnung und Reinigung zu bringen vermag. »Mit entsühnendem Schritt« (V. 1143) soll Dionysos in sein Theben kommen. Tanzfiguren und Musik brachten zweifellos die magisch-kultischen Rituale zum Ausdruck, mit denen die Epiphanie des Gottes beschworen wurde. Durch seine Geburts- und Jugendgeschichte ist Dionysos, der Sohn des Zeus und einer Sterblichen, in besonderer Weise den Bereichen des Lebens und des Todes verbunden. Er, der zudem der Gott des Theaters ist, vertritt daher die Götter der oberen und der unteren Welt, die jetzt in den Lauf der Handlung eingreifen.

Als einer, der »lebendig tot« (V. 1167) ist, kehrt Kreon zurück. Er hatte vergebens geglaubt, die Katastrophe noch abwenden zu können. Die Götter stellen die gestörte Ordnung wieder her, indem sie Kreon vernichten. Antigone wird gerechtfertigt durch die Bestattung des Polyneikes und ihre geplante Begnadigung. Sie wird jedoch nicht gerettet, denn ihr Tod und der dadurch verursachte Selbstmord Haimons gehören zur Strafe an Kreon. Im Tode wird sie gerächt, und ihre Sache wird bestätigt. Was sie sich gewünscht hatte, geschieht: Die ausgleichende Gerechtigkeit trifft ihren Gegner (vgl. V. 925 ff.). Mit unerbittlicher Konsequenz führt die Gottheit ihre Strafe zu Ende. Kreons vermessene Worte von Antigone als Hadesbraut erfüllen sich; sein Sohn wird zum Bräutigam im Hades. Sein Verschwören gegen den Zeus des häuslichen Herdes rächt sich durch den Tod seiner Gattin an ebendiesem Herd. Und er selber, der alles Lernen ablehnte, bestätigt nun das alte Wort: durch Leiden lernen (πάϑει μάϑος, Aischylos, *Agamemnon* 177; vgl. auch 250 f.). Wie er Polyneikes und Antigone ihrem Bereich entrückte, muß er nun als gleichsam Gestorbener bei den Lebenden ausharren. Das einzige, was ihm noch zu tun bleibt, ist das, was er zu Anfang so strikt verbot, das Bestatten der Toten. Der Streit, auf wessen Seite die Torheit und bei wem die Einsicht zu finden war, ist zum Austrag gekommen. Kreon bezeichnet sich selbst als Narren, als einen, der leer und töricht ist. Das letzte

Wort heißt »Besinnung« (φρονεῖν): Einsicht in die menschliche Natur mit ihrer Schwäche und ihrem unüberbrückbaren Abstand zur Gottheit. Erkenne dich selbst, lautet der bekannte Spruch des Apollon von Delphi, und das heißt: Erkenne, daß du ein Mensch bist. Kreon hat sich absolut gesetzt und geglaubt, die Rechte der Götter negieren zu können. Nicht umsonst erinnert Teiresias aber daran, daß Kreon früher – und dies liegt noch gar nicht lange zurück – auf ihn hörte und Theben dadurch vor den Angreifern rettete. Der König ist nicht von Natur aus unverständig und verstockt, sondern er ist, allgemeinem Menschenlos folgend, in Ate geraten, in Verblendung und damit ins Unheil. Er hielt das Schlechte für das Gute und beharrte in seiner Verkennung der Wahrheit. Es scheint, als könne der Mensch seinem Wesen nach das Überschreiten der Grenzen und das zwangsläufige Scheitern nur schwer vermeiden. Darin liegt seine Tragik, die sich exemplarisch an Kreon zeigt, der als Retter von Theben den Thron bestieg und als lebender Toter endet. Aber auch Antigone, die den göttlichen Willen erfüllte, bleibt nicht von Ate verschont, dem Unheil, das aus der Verblendung Kreons erwächst. Für die Götter gilt nicht das Leben, sondern die Sache ihrer Heldin. Deren Tragik zeigt sich (ähnlich wie die des Herakles in den *Trachinierinnen*) darin, daß sie scheinbar verlassen in den Tod geht und es nicht mehr erlebt, von der Gottheit bestätigt und erhöht zu werden. Nach göttlicher Bestimmung gehört gerade ihr Tod zur Strafe an ihrem Gegner und zur Wiederherstellung der göttlichen Ordnung.

IV. Zur Wirkungsgeschichte und Rezeption in der Neuzeit

Die Gestalt und das Schicksal der Antigone, eines jungen Mädchens, das unbeirrbar für sein Recht kämpft und dafür in den Tod geht, hat bis zum heutigen Tag immer wieder zur Deutung und Nachschöpfung herausgefordert. Als das »absolute Exempel der Tragödie« galt *Antigone* für Georg Wilhelm Friedrich Hegel. Er sah die griechische Tragödie im Lichte seiner dialektischen Philosophie und postulierte als ihr Wesen die Antinomie zweier gleichberechtigter Prinzipien, die miteinander in Kollision geraten. Wenn der Handelnde eines davon zur alleinigen Richtschnur nimmt, verletzt er das andere und gerät dadurch in Schuld. Eine Versöhnung erfolgt durch den Untergang des Helden oder durch die Zurückweisung in seine Schranken (Hegels Tragödienbegriff diskutiert v. Fritz, 1962, S. 81–100). Gemäß dieser Definition sah Hegel in der Auseinandersetzung zwischen Antigone und Kreon den dialektischen Konflikt gleichrangiger Gegner. Antigone verficht das Recht der Familie, verletzt aber das Recht des Staates, das der König vertritt, dessen Autorität im Interesse des Gemeinwesens gewahrt bleiben muß. Kreon aber handelt gegen das Gesetz der Familie, und aus dieser Einseitigkeit ergibt sich, daß beide recht und unrecht haben und notwendig einer ausgleichenden Gerechtigkeit zum Opfer fallen.

Hegels Tragodiendefinition ist die Wesensbestimmung des Dramas der säkularisierten Welt, in der sich die Tragik nicht mehr vertikal aus der Bedingtheit der Menschennatur in Beziehung zum Götterwillen ergibt (der von Aischylos über Sophokles bis zu Euripides immer stärker als undurchschaubar empfunden wird). In der Neuzeit tritt der Mensch als autonomes Individuum mit seinen Ansprüchen den Institutionen von Staat und Gesellschaft gegenüber, und es kommt zum Konflikt berechtigter Interessen. Insofern ist Hegels

Auslegung zwar nicht im Sinne des Sophokles, denn für diesen gibt es als Dialektik nur die zwischen Wahrheit und dóxa, Scheinwissen, und die Deutung muß von der Teiresias-Szene her erfolgen. Hegels Sicht wurde aber zum Modell für die Auseinandersetzung zwischen menschlich-sittlichen Rechten und der Staatsräson und wirkte auch auf die philologische Interpretation der *Antigone* ein (vgl. das Nachwort von Norbert Zink zur zweisprachigen *Antigone*-Ausgabe in Reclams Universal-Bibliothek, S. 132–137).

Eine Dialektik eigener Art sah Friedrich Hölderlin in der *Antigone*, die er in einer Übersetzung wiedergab (erschienen 1804), die nicht immer wortgetreu, aber stets von großer Ausdruckskraft ist, Übertragung und Deutung zugleich. – In Carl Orffs Vertonung (*Antigonae*, 1949) entfaltete sie ihren Klang- und Ausdrucksreichtum. – In der Begegnung von Gott und Mensch geschieht Tragik, ein Zusammenprall des Endlichen mit dem Unendlichen. »Die Darstellung des Tragischen beruht vorzüglich darauf, daß das Ungeheure, wie der Gott und Mensch sich paart, und grenzenlos die Naturmacht und des Menschen Innerstes eins wird, dadurch sich begreift, daß das grenzenlose Eineswerden durch grenzenloses Scheiden sich reiniget« (*Anmerkungen zum »Ödipus«*). Antigone erscheint als die Figur des Antitheos, eines frommen Gottesgegners, der »in Gottes Sinne wie gegen Gott sich verhält« und Gott herausfordert, damit sich die Gerechtigkeit enthüllt. In der numinosen, gewaltsamen Nähe des Göttlichen muß der Held vernichtet werden. (Zu Hölderlin vgl. Steiner, 1988, S. 86–130.)

Der Dramatiker Friedrich Hebbel hat in seinen Ausführungen zum Wesen der Tragödie Hegels Auffassung in einem wesentlichen Punkt korrigiert: »Antigone will eine heilige Pflicht erfüllen, bewußt die Verwandten- und Liebespflicht gegen den unbegraben daliegenden Bruder, unbewußt die Pflicht gegen die Götter, dennoch geht sie unter, obgleich sie nichts als ein bürgerliches, in sich selbst unhaltbares und nur der Form nach die Idee des Staates repräsentierendes Gesetz übertritt« (*Mein Wort über das Drama*, 1843).

Unter diesem Aspekt stehen die Gestaltungen des Antigonestoffes im 20. Jahrhundert. Antigone tritt gegen die »in sich selbst unhaltbaren« Gesetze und Institutionen der Politik und des Staates auf. In Alfred Döblins Roman *November 1918* (geschrieben 1937–43) kehrt der Gymnasiallehrer Friedrich Becker, schwerverwundet, desillusioniert und gezeichnet von den Schrecken des Krieges, in sein ruiniertes und demoralisiertes Vaterland zurück. In seiner ersten Unterrichtsstunde liest er die *Antigone* des Sophokles und muß erleben, daß die Haltung der Heldin und sein eigenes Plädoyer für die »ungeschriebenen Gesetze« von den Schülern strikt abgelehnt werden. Der Staat sei im Recht, wenn er von seinen Bürgern Gehorsam verlange. Antigone habe keine Ahnung davon, was ein Staat sei. Becker hebt das Thema des Todes hervor: »Der eigentliche Held des Stückes ist nicht sie, sondern – der tote Polyneikes« (Ausg. München 1978, Tl. 4, S. 224). Angesichts der Verständnislosigkeit der jungen Generation fühlt Becker sich den Toten des Krieges gegenüber verpflichtet – wie Antigone gegenüber ihrem toten Bruder. Er will ihnen dienen, sie sollen nicht umsonst gestorben sein. Becker setzt sich für einen Schüler ein, der unter die Spartakisten gegangen ist, und tritt schließlich, seine Stellung verlassend, auf die Seite der Revolutionäre. Doch deren Kampf scheint ihm nur an der Oberfläche zu sein; der ganze Mensch muß sich ändern, bevor man versuchen kann, die Gesellschaft zu ändern. Er »gibt sich preis«, »setzt sich aufs Spiel«, zieht als Gottsucher durch die Lande und sucht die Menschen zu belehren, eine messianische Gestalt im Landstreichermilieu.

Auch das Theaterstück *Antigone* von Walter Hasenclever (1917 uraufgeführt), ist geprägt vom Ersten Weltkrieg. Hasenclever, ein leidenschaftlicher Pazifist, prangert eine Staatsräson an, die das Volk in den Untergang geführt hat. Das Volk von Theben, geteilt in königstreu und revolutionär Gesinnte, ist Mitspieler in einem Drama, in dem der Krieg Thebens noch nicht Vergangenheit ist. Der Krieg ersteht immer wieder neu, solange die Gesinnungen bleiben, die ihn hervorgerufen haben. Kreon versucht mit säbelrasselnden Parolen, sein hungerndes, verelendetes Volk in Kriegsbereitschaft zu halten. Antigone sieht prophetisch den ewigen Kreislauf von Krieg und Vernichtung und ruft die Bürger zu Menschlichkeit und Brüderlichkeit auf: »Hilfe den Schwachen, Kampf für die Welt – / Liebe ist Menschlichkeit!« Ihr Tod soll ein Opfer sein, damit alle ihr glauben. Wie im Roman von Döblin wird hier in einem Menschen messianisches Hoffen gegenwärtig. Am Schluß steht eine, wenn auch schwache Hoffnung auf eine bessere Welt.

Zur bekanntesten modernen Bühnenfassung des Antigonestoffes wurde Jean Anouilhs *Antigone*, die 1942 entstand und 1944 in Paris uraufgeführt wurde. Auch hier steht der Konflikt des aufbegehrenden Individuums gegen die Gesellschaft im Mittelpunkt. Im Verweigern oder Akzeptieren der Existenz werden zwei verschiedene Seinsweisen vorgeführt. Kreon ist kein selbstherrlicher Despot, sondern der Typus des Politikers, der ohne Ideale, in klarer Einschätzung des Machbaren sein Amt führt und nur das Gesetz des praktischen Handelns gelten läßt. Er ist seiner Nichte Antigone nicht feindlich gesinnt, sondern will sie von ihren überspannten Ideen abbringen. Polyneikes sei kein Märtyrer, sondern, ebenso wie sein Bruder, ein höchst unsympathischer Geselle gewesen. So versucht Kreon Antigone zum Akzeptieren der Umstände, zum Kompromiß, zu bewegen; doch dies fordert ihren entschiedenen Widerstand und ihre absolute Todesbereitschaft heraus: »Ihr seid mir alle widerlich mit eurem Glück und eurer Lebensauffassung. Gemein seid ihr! [. . .] Ein bescheidenes Alltagsglück und nur nicht zu anspruchsvoll sein! Ich, ich will alles, sofort und vollkommen – oder ich will nichts. [. . .] Ich will die Gewißheit haben, daß es so schön wird, wie meine Kindheit war – oder ich will lieber sterben.« Dem verzweifelten Hämon gegenüber sucht Kreon zu erklären, worum es Antigone im Grunde geht: »Polyneikos war nur ein Vorwand. [. . .] Ihr war die Hauptsache, daß sie nein sagen und sterben durfte. [. . .] Du mußt dich damit abfinden, Hämon. Einmal kommt für jeden der Tag [. . .], da er sich damit abfinden muß, daß er nun erwachsen ist«. Abschied nehmen von den großen Idealen, einen Kompromiß schließen mit dem Leben, wie es ist, mit dem »kleinen Glück«, und seine Rolle annehmen, das fordert Anouilh als ein humaner Skeptiker. Gleichzeitig aber gehört seine Sympathie der kompromißlosen, protestierenden Jugend, die in ihrer radikalen Verneinung die Gesellschaft davor bewahrt, sich allzu bequem in ihren engen, opportunistischen Verhältnissen einzurichten. »Es stimmt schon, ohne die kleine Antigone hätte jedermann seine Ruhe gehabt«, erklärt der Sprecher ironisch im Epilog.

»Abgewandte, ich weiß / Wie du den Tod gefürchtet hast, aber / Mehr noch fürchtetest du / Unwürdig Leben. Und ließest den Mächtigen / Nichts durch, und glichst dich / Mit den Verwirrern nicht aus [. . .].« 1948 brachte Bertolt Brecht in der Schweiz seine *Antigone* auf die Bühne, ursprünglich mit einem Gedicht für Helene Weigel als Prolog (hier abgedruckt in Kap. V, S. 71 f.). Er nahm die Übertragung von Friedrich Hölderlin als Grundlage für seine Bearbeitung. Sie ist ein »Antigonemodell«, das Brechts Theaterauffassung entsprechend die literarische Vorlage als bekannt voraussetzt und neue Konstellationen aufzeigt, die den Zuschauer zur Stellungnahme herausfordern sollen. Wie bei Hasenclever ist der Krieg auch hier noch nicht vorüber, er ist das beherrschende Thema. Kreon führt einen Krieg um die Erzgruben von Argos und täuscht das Volk durch eine verfrühte Siegesfeier. Er hat durch seine blutigen Säuberungsaktionen nach Polyneikes' Tod (der als Deserteur aus dem Krieg kam und von Kreon getötet wurde) sein Volk und die Kampfmoral geschwächt, und nun rafft sich Argos wieder auf zum erbitterten Kampf um die Heimat – Theben droht die Vernichtung: Die Parallele zur Ostfront im Zweiten Weltkrieg wird deutlich. »Die große sittliche Tat der Antigone, die sich gegen den Tyrannen Kreon auflehnt, besteht darin, daß sie, bewegt durch tiefe Menschlichkeit, nicht zögert, durch offenen Widerstand das eigene Volk in die Gefahr des Besiegtwerdens in einem Raubkrieg zu bringen« (aus Brechts Anmerkungen zur Bearbeitung). Antigone wendet sich auf ihrem letzten Weg an den Chor: »Denkt nämlich nicht / Ihr seid verschont, ihr Unglückseligen. / Andere Körper, Zerstückte / Werden euch liegen, unbestattet, zu Hauf um den / Unbestatteten. Ihr, die dem Kreon den Krieg / Über unheimische Marken schlepptet, so viele / Schlachten auch dem glücken, die letzte / Will euch verschlingen. [. . .] Euch beweine ich, Lebende / Was ihr sehen werdet / Wenn mein Auge schon voll des Staubs ist!« Auch Teiresias warnt vor dem Krieg, der immer weiter geht: »Raub kommt von Raub und Härte brauchet Härte / Und mehr braucht mehr und wird am End zu nichts.« Als Kreon Antigone befreien will, tut er es, weil er Hämon als Feldherrn braucht, um den Endkampf zu führen. Angesichts des Toten erklärt Kreon: »Noch eine Schlacht / Und Argos läg am Boden! [. . .] / So fällt jetzt Thebe. / Und fallen soll es, soll's mit mir, und es soll aus sein / Und für die Geier da. So will ich's dann.« Aus Leiden zu lernen gilt nicht für ihn, wohl aber für den Chor, das Volk, von dem gezeigt wurde, daß es auch dazu beigetragen hat, die Position der Herrschenden zu festigen. So verkündet der Chor nach Kreons Abgang zum Schluß: »Wir aber / Folgen auch jetzt ihm all, und / Nach unten ist's. Abgehaun wird / Daß sie nicht zuschlag mehr / Uns die zwingbare Hand. Aber die alles sah / Konnte nur noch helfen dem Feind, der jetzt / Kommt und uns austilgt gleich. Denn kurz ist die Zeit / Allumher ist Verhängnis, und nimmer genügt sie / Hinzuleben, undenkend und leicht / Von Duldung zu Frevel und / – Weise zu werden im Alter.«

Bertolt Brecht wollte mit seinem Antigonestück keine Beziehung herstellen zu den Gestalten des deutschen Widerstandes. Es geht ihm um »die Rolle der Gewaltanwendung bei dem Zerfall der Staatsspitze« (Vorwort zum »Antigonemodell 1948«), um die Möglichkeit politisch-gesellschaftlicher Veränderungen. Rolf Hochhuth sieht in seiner Novelle *Die Berliner Antigone* (entstanden 1963; vgl. Reclams Universal-Bibliothek Nr. 8346) die Hauptfigur nicht nur vor dem Hintergrund des Totalitarismus, sondern auch der jüngsten

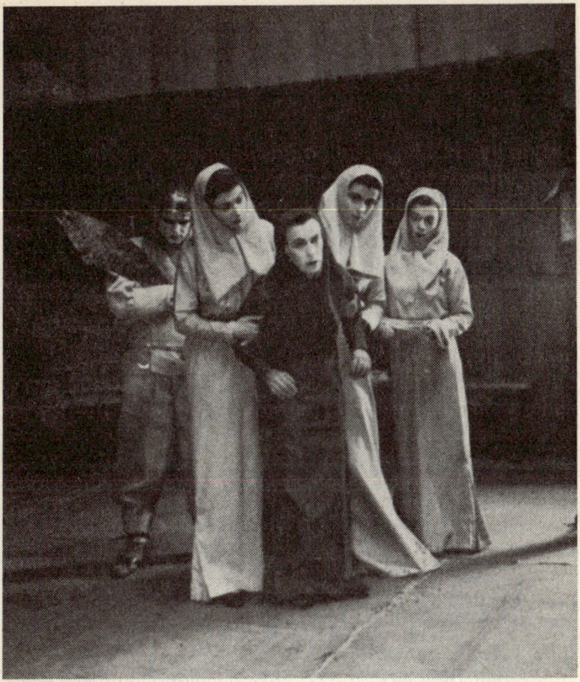

Helene Weigel als Antigone mit Chor und Wächter in der Uraufführung von Bertolt Brechts »Antigone«, Chur 1948 (Foto: Theo Vonow, Chur; Archiv des Theatervereins Chur)

Geschichte, die mit ihren übergewaltigen Institutionen das Individuum in seiner Existenz bedroht. So stellt er das Handeln des einzelnen Menschen heraus, gibt ihm seinen Wert und seine Würde und appelliert damit an die individuelle Entscheidung und Verantwortlichkeit. Er setzt zugleich ein Denkmal für die einzelnen Namenlosen, die, ihrem Gewissen folgend, der nationalsozialistischen Gewaltherrschaft zum Opfer fielen. In gedanklicher wie sprachlicher Geschlossenheit, mit dem strengen Duktus einer Kleist-Novelle, ersteht das Bild einer Antigone aus deutscher Vergangenheit, im Jahre 1943. Der Bruder von Anne, einer Berliner Studentin, war als Hochverräter hingerichtet worden. Er hatte, schwerverwundet aus dem Kessel von Stalingrad zurückgekehrt, den Führer für den Untergang der 6. Armee verantwortlich gemacht. Der Körper des Gehenkten wurde der Anatomie überstellt. Seine Mutter gab sich aus Verzweiflung den Tod. Im Chaos eines Bombenangriffs entwendete Anne die Leiche des Bruders und begrub sie auf dem Invalidenfriedhof. Das Mädchen wurde denunziert und wegen Hochverrats vor Gericht gestellt. Der Ausgang des Prozesses scheint nicht zweifelhaft, hat doch der Führer selbst erklärt, die Angeklagte »solle in eigener Person der Anatomie die Leiche zurückerstatten«. Der Generalrichter – ein zweiter Kreon neben dem »Über-Kreon« Hitler – versucht Anne zu retten: Sie ist die Verlobte seines Sohnes Bodo, der an der Ostfront steht. Der Richter will Anne dazu bewegen, den Begräbnisort anzugeben, die Leiche zurückzubringen und auf diese Weise das Führerwort zu erfüllen. Anne weigert sich, wird verurteilt und in eine Zelle für Todeskandidaten eingeliefert. Dort erinnert sie sich an ihre Tat, an den dunklen, stillen Friedhof, wo sie den Bruder unter einem alten, verwitterten Grabstein begrub. Als Spruch stand darauf: Apost. 5,29. Der Text aus der Apostelgeschichte lautet: »Man muß Gott mehr gehorchen als den Menschen.« Er taucht in der Novelle nur als Stellenangabe, als Chiffre, auf. Gott hält sich für Anne verborgen, mit »kosmischer Gleichgültigkeit« steht er seinen Geschöpfen gegenüber. Sie erfüllt seine Gebote unbewußt, aus ihrem Gefühl für den Bruder heraus wie nach ihrem Gewissen, das nicht erlaubt, die Menschenwürde mit Füßen zu treten. So schreibt Anne ihrem Verlobten, »sie fände es nicht sinnlos, zu sterben für das, was sie getan«. Sie könne den Tod nicht fürchten, da schon so unzählige Generationen »drüben« seien, äußert sie, ganz wie die sophokleische Antigone. Und wie diese gerät Anne zum Schluß in eine »Gethsemane-Situation«. Der Pfarrer macht ihr klar, »daß ein Unbestatteter nach christlicher Auffassung nicht ruhelos bleibe«, und verwirrt sie damit. Als ihre junge Zellengenossin zum Tode geführt wird, fühlte sich Anne »wie vom kalten Stahl des Fallbeils selbst angerührt, wurde mit einem Schnitt innerlich abgetrennt von ihrer Tat: Sie begriff das Mädchen nicht mehr, das seinen Bruder bestattet hatte – wollte es nicht mehr sein, wollte zurücknehmen. Damit war sie vernichtet.« Sie erfährt, daß sich ihr Verlobter in Rußland erschossen hat, er glaubte sie bereits tot. Der Gedanke an ihre Toten – den Freund, den Bruder, die Mutter – entreißt sie zeitweilig ihrer Angst und »Daseinsbegierde« und läßt Anne schließlich erkennen, daß nur der Tod das Tor zur Freiheit ist. Anne wird zum Tod bereitet, der Erzähler ordnet den Einzelfall in die dokumentarisch belegte Geschichte ein. Anne kann eine jener 269 verurteilten Frauen gewesen sein, deren Körper die Berliner Anatomie während der Jahre des Dritten Reiches erhielt. Die Novelle ist Marianne Heinemann gewidmet, der ersten Frau Hochhuths. Ihre Mutter gehörte einer Widerstandsgruppe an und wurde 1943 in Berlin hingerichtet.

Auch die Kurzgeschichte von Elisabeth Langgässer *Die getreue Antigone* (erschienen 1947) spielt vor dem Hintergrund der NS-Zeit. Carola, deren Bruder im KZ den Tod fand, pflegt das Grab eines unbekannten Soldaten, »vielleicht ein SS-Kerl«, wie ihr Freund empört meint. Carola weiß ihn während eines gemeinsamen Grabbesuchs von ihrem Tun zu überzeugen. In ihr wirkt das sanfte Wesen der mütterlichen Natur, die nach Ruhe und Versöhnung verlangt.

Grete Weils *Meine Schwester Antigone* (erschienen 1980) ist ein Roman und zugleich ein Stück Autobiographie. Die

Erzählerin lebt eine »Existenz aus Erinnerung« – im Gedächtnis an die Zeit der Verfolgung und Vernichtung der Juden, der sie selbst nur entging, indem sie in Holland als Mitglied des Jüdischen Rates arbeitete, wobei sie vielen zu überleben half, aber auch eingebunden war in die NS-Maschinerie. Aus den Verletzungen der Vergangenheit, den Schuldgefühlen der Davongekommenen entsteht der Plan, über Antigone zu schreiben. Die Nichte fragt aus der Sicht ihrer Generation: »Warum habt ihr euch nicht gewehrt?« und fügt hinzu: »Und jetzt schreibst du ein Buch über ein Mädchen, das sich gewehrt hat.« – Ihre Heldin erscheint der Erzählerin in manchem verwandt: als einst glücklich lebende, dann entwurzelte Königstochter, die heimatlos mit dem blinden Vater durch die Lande zieht. Dann wieder erscheint sie fremd, da sie keinen Versuch machte, Kreon und das Unrecht selbst zu beseitigen. Das Buch wird nicht fertig, immer wieder schieben sich die Bilder von den Greueln der Vernichtung dazwischen, aber immer wieder erscheint auch Antigone als tröstende, mahnende Gestalt, wie bei der flüchtigen Begegnung und Aufnahme eines jungen Mädchens, das als Sympathisantin der Terroristenszene verdächtigt wird. »Sie versteht die Kunst des Lebens wie die des Todes als zwei nicht zu trennende Seiten der großen Einheit.«

Die Erfahrungen des Totalitarismus prägen auch die heutigen Aufführungen von Sophokles' *Antigone*. Die Hegelsche Auffassung, der Staat könne per se Gehorsam fordern, ist, zumindest bei den Angehörigen der jüngeren Generation, nicht mehr haltbar. Sie entlarven die Macht, die sich so lange als Ordnungs- und Reglementierungsinstanz ausgab, und fordern, daß Antigone und Haimon, und auch Polyneikes, leben dürfen. Im Kostüm unserer Zeit, Kreon im eleganten

---

Sophokles' »Antigonae« in der Übertragung von Hölderlin und der Regie von Ulrich Brecht, Staatstheater Kassel 1969. Szenenbild: Kreon, Chor und Antigone am Boden (Foto: Sepp Bär, Kassel)

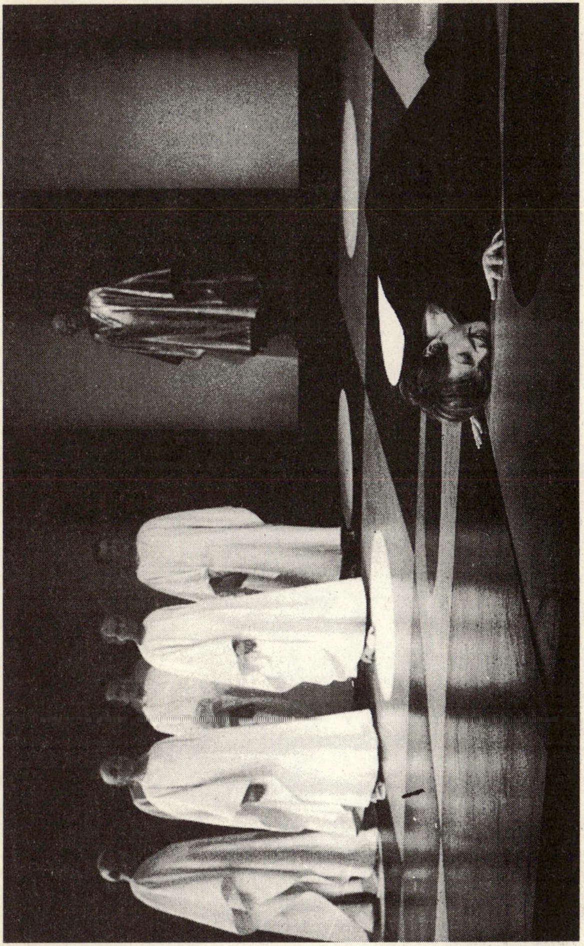

Sommeranzug des Politmanagers, Polyneikes von einem Militärmantel bedeckt, Antigone als junges Mädchen unserer Tage, so erlebte man eine eindrucksvolle Aufführung der Bad Hersfelder Festspiele im Jahr 1989. In der von Martin Walser bearbeiteten Hölderlin-Übertragung, inszeniert von Edgar Selge, mit Franziska Walser und Frank Hoffmann, erwies sich die Aktualität des Sophokles.

Bad Hersfelder Festspiele 1989. Franziska Walser (rechts) in der Titelrolle der Antigone (Foto: Norbert Landeck, Bad Hersfeld)

V. Texte zur Diskussion

Johann Wolfgang Goethe (1749–1832): Gespräch mit Eckermann

»Das sind Behauptungen, erwiederte Goethe mit einigem Lächeln, an die wohl niemand glauben wird. Kreon handelt auch keineswegs aus Staatstugend, sondern aus Haß gegen den Todten. Wenn Polineikes sein väterliches Erbtheil, woraus man ihn gewaltsam vertrieben, wieder zu erobern suchte, so lag darin keineswegs ein so unerhörtes Vergehen gegen den Staat, daß sein Tod nicht genug gewesen wäre und daß es noch der Bestrafung des unschuldigen Leichnams bedurft hätte.
Man sollte überhaupt nie eine Handlungsweise eine Staatstugend nennen, die gegen die Tugend im allgemeinen geht. Wenn Kreon den Polineikes zu beerdigen verbietet und durch den verwesenden Leichnam nicht bloß die Luft verpestet, sondern auch Ursache ist, daß Hunde und Raubvögel die abgerissenen Stücke des Todten umherschleppen und damit sogar die Altäre besudeln, so ist eine solche Menschen und Götter beleidigende Handlungsweise keineswegs eine Staats-Tugend, sondern vielmehr ein Staats-Verbrechen. Auch hat er das ganze Stück gegen sich. Er hat die Ältesten des Staats, welche den Chor bilden, gegen sich; er hat das Volk im allgemeinen gegen sich; er hat den Teiresias gegen sich; er hat seine eigene Familie gegen sich. Er aber hört nicht, sondern frevelt eigensinnig fort, bis er alle die Seinigen zu Grunde gerichtet hat und er selber am Ende nur noch ein Schatten ist.

Und doch, sagte ich, wenn man ihn reden hört, so sollte man glauben, daß er einiges Recht habe.

Das ist's eben, erwiederte Goethe, worin Sophocles ein Meister ist und worin überhaupt das Leben des Dramatischen besteht. Seine Charactere besitzen alle eine solche Redegabe und wissen die Motive ihrer Handlungsweise so überzeugend darzulegen, daß der Zuhörer fast immer auf der Seite dessen ist, der zuletzt gesprochen hat.

Man sieht er hat in seiner Jugend eine sehr tüchtige rhetorische Bildung genossen, wodurch er denn geübt worden, alle in einer Sache liegenden Gründe und Scheingründe aufzusuchen. Doch verleitete ihn diese seine große Fähigkeit auch zu Fehlern, indem er mitunter in den Fall kam zu weit zu gehen.
So kommt in der Antigone eine Stelle [V. 905–912] vor, die mir immer als ein Flecken erscheint, und worum ich vieles geben möchte, wenn ein tüchtiger Philologe uns bewiese, sie wäre eingeschoben und unächt.
Nachdem nämlich die Heldin im Laufe des Stückes die herrlichsten Gründe für ihre Handlung ausgesprochen und den Edelmuth der reinsten Seele entwickelt hat, bringt sie zuletzt, als sie zum Tode geht, ein Motiv vor, das ganz schlecht ist und fast an's Komische streift.
Sie sagt, daß sie das, was sie für ihren Bruder gethan, wenn sie Mutter gewesen wäre, nicht für ihre gestorbenen Kinder und nicht für ihren gestorbenen Gatten gethan haben würde. Denn, sagt sie, wäre mir ein Gatte gestorben, so hätte ich einen anderen genommen, und wären mir Kinder gestorben, so hätte ich mir von dem neuen Gatten andere Kinder zeugen lassen. Allein mit meinem Bruder ist es ein anderes. Einen Bruder kann ich nicht wieder bekommen, denn da mein Vater und meine Mutter todt sind, so ist niemand da der ihn zeugen könnte.
Dieß ist wenigstens der nackte Sinn dieser Stelle, die nach meinem Gefühl in dem Munde einer zum Tode gehenden Heldin die tragische Stimmung stört und die mir überhaupt sehr gesucht und gar zu sehr als ein dialectisches Calcül erscheint. Wie gesagt, ich möchte sehr gerne daß ein guter Philologe uns bewiese, die Stelle sey unächt.

Wir sprachen darauf über Sophocles weiter und daß er bei seinen Stücken weniger eine sittliche Tendenz vor Augen gehabt als eine tüchtige Behandlung seines jedesmaligen Gegenstandes, besonders mit Rücksicht auf theatralische Wirkung.

Ich habe nichts dawider, sagte Goethe, daß ein dramatischer Dichter eine sittliche Wirkung vor Augen habe; allein wenn es sich darum handelt, seinen Gegenstand klar und wirksam vor den Augen des Zuschauers vorüberzuführen, so können ihm dabei seine sittlichen Endzwecke wenig helfen, und er muß vielmehr ein großes Vermögen der Darstellung und Kenntniß der Bretter besitzen um zu wissen was zu thun und zu lassen. Liegt im Gegenstande eine sittliche Wirkung, so wird sie auch hervorgehen, und hätte der Dichter weiter nichts im Auge als seines Gegenstandes wirksame und kunstgemäße Behandlung. Hat ein Poet den hohen Gehalt der Seele wie Sophocles, so wird seine Wirkung immer sittlich seyn, er mag sich stellen wie er wolle. Übrigens kannte er die Bretter und verstand sein Metier wie einer.«

Gespräch vom 28. März 1827. – Zit. nach: Goethe und die Antike. Eine Sammlung. Hrsg. von Ernst Grumach. Bd. 1. Berlin: de Gruyter, 1949. S. 264 f.

Georg Wilhelm Friedrich Hegel (1770–1831): Vorlesungen über die Philosophie der Religion

»Das Fatum ist das Begrifflose, wo Gerechtigkeit und Ungerechtigkeit in der Abstraction verschwinden: in der Tragödie dagegen ist das Schicksal innerhalb eines Kreises sittlicher Gerechtigkeit. Am erhabensten finden wir das in den Sophokleischen Tragödien. Es wird daselbst vom Schicksal und von der Nothwendigkeit gesprochen; das Schicksal der Individuen ist als etwas Unbegreifliches dargestellt, aber die Nothwendigkeit ist nicht eine blinde, sondern sie ist erkannt als die wahrhafte Gerechtigkeit. Dadurch eben sind jene Tragödien die unsterblichen Geisteswerke des sittlichen Verstehens und Begreifens, die ewigen Muster des sittlichen Begriffs. Das blinde Schicksal ist etwas Unbefriedigendes. In diesen Tragödien wird die Gerechtigkeit begriffen. Auf eine plastische Weise wird die Collision der beiden höchsten sittlichen Mächte gegen einander dargestellt in dem absoluten Exempel der Tragödie, Antigone; da kommt die Familienliebe, das Heilige, Innere, der Empfindung Angehörige, weshalb es auch das Gesetz der unteren Götter heißt, mit dem Recht des Staats in Collision. Kreon ist nicht ein Tyrann, sondern ebenso eine sittliche Macht, Kreon hat nicht Unrecht: er behauptet, daß das Gesetz des Staats, die Auctorität der Regierung geachtet werde und Strafe aus der Verletzung folgt. Jede dieser beiden Seiten verwirklicht nur die eine der sittlichen Mächte, hat nur die eine derselben zum Inhalt, das ist die Einseitigkeit, und der Sinn der ewigen Gerechtigkeit ist, daß Beide Unrecht erlangen, weil sie einseitig sind, aber damit auch Beide Recht; Beide werden als geltend anerkannt im ungetrübten Gang der Sittlichkeit; hier haben sie Beide ihr Gelten, aber ihr ausgeglichenes Gelten. Es ist nur die Einseitigkeit, gegen die die Gerechtigkeit auftritt.«

G. W. F. Hegel: Sämtliche Werke. Jubiläumsausgabe. Hrsg. von Hermann Glockner. Bd. 16: Vorlesungen über die Philosophie der Religion. Zweiter Theil. Stuttgart: Frommann, 1928. II. Die Religion der geistigen Individualität. S. 133 f.

Georg Wilhelm Friedrich Hegel (1770–1831): Vorlesungen über die Aesthetik

»Die vollständigste Art dieser Entwickelung ist dann möglich, wenn die streitenden Individuen, ihrem konkreten Daseyn nach, an sich selbst jedes als Totalität auftreten, so daß sie an sich selber in der Gewalt dessen stehn, wogegen sie ankämpfen, und daher das verletzen, was sie ihrer eigenen Existenz gemäß ehren sollten. So lebt z. B. Antigone in der Staatsgewalt Kreon's; sie selbst ist Königstochter und Braut des Haemon, so daß sie dem Gebot des Fürsten Gehorsam zollen sollte. Doch auch Kreon, der seiner Seits Vater und Gatte ist, müßte die Heiligkeit des Bluts respektiren, und nicht das befehlen, was dieser Pietät zuwiderläuft. So ist Beiden an ihnen selbst das immanent, wogegen sie sich wechselsweise erheben, und sie werden an dem selber ergriffen und gebrochen, was zum Kreise ihres eigenen Daseyns gehört. Antigone erleidet den Tod, ehe sie sich des bräutlichen Reigens erfreut, aber auch Kreon wird an seinem Sohne und seiner Gattin gestraft, die sich den Tod geben, der eine um Antigone's, die andere um Haemon's Tod. Von allem Herrlichen der alten und modernen Welt, – ich kenne so ziemlich Alles, und man soll es und kann es kennen, – erscheint mir nach dieser Seite die Antigone als das vortrefflichste, befriedigendste Kunstwerk.«

G. W. F. Hegel: Sämtliche Werke. Jubiläumsausgabe. Hrsg. von Hermann Glockner. Bd. 14: Vorlesungen über die Aesthetik. Dritter Theil. Stuttgart: Frommann, 1930. Dritter Abschnitt. 3. Die Poesie. S. 556.

Sören Kierkegaard (1813–55): Entweder/Oder

»In der griechischen Tragödie beschäftigt sich Antigone überhaupt nicht mit des Vaters unglücklichem Geschick. Dies ruht gleich einer undurchdringlichen Trauer über der ganzen Sippe, Antigone lebt sorglos dahin gleich jedem andern jungen Mädchen in Griechenland, ja, der Chor beklagt sie, als ihr Tod entschieden ist, weil sie in so jungen Jahren dies Leben verlassen müsse, es verlassen müsse, ohne seine schönste Freude gekostet zu haben, – dabei offenbar nicht an die eigentümliche tiefe Trauer der Familie denkend. Damit soll nun keineswegs gesagt sein, dies sei Leichtsinn, oder das einzelne Individuum stehe für sich allein, ohne sich um sein Verhältnis zur Sippe zu kümmern. Sondern es ist echt griechisch. Die Lebensverhältnisse sind nun einmal gegeben ebenso wie der Himmel, unter dem sie leben. Mag er dunkel und wolkenverhangen sein, so ist er zugleich doch unveränderlich. Er gibt der Seele einen Grundton, und es ist die Trauer, nicht der Schmerz. Bei Antigone sammelt sich die tragische Schuld in einem bestimmten Punkte: daß sie ihren Bruder begraben hat trotz dem Verbot des Königs. Nimmt man dies als isoliertes Faktum, als einen Zusammenstoß zwischen der schwesterlichen Liebe und Pietät hier und einem willkürlichen menschlichen Verbote dort, so würde die Antigone aufhören, eine griechische Tragödie zu sein, es wäre ein ganz und gar modernes tragisches Thema. In griechischem Sinne entsteht das tragische Interesse dadurch, daß in des Bruders unglücklichem Tod, in der Schwester Zusammenstoß mit einem einzelnen menschlichen Verbote das traurige Schicksal des Ödipus widertönt, es sind gleichsam die Nachwehen, des Ödipus tragisches Geschick, das in den einzelnen Schossen seiner Familie neue Zweige treibt. Dies Gesamtbild macht des Zuschauers Trauer so unendlich tief. Nicht bloß ein Individuum geht unter, sondern eine kleine Welt, es ist die objektive Trauer, welche, losgelassen, nun vorwärts schreitet in ihrer eigenen entsetzlichen Folgerichtigkeit wie eine Naturgewalt, und in Antigones traurigem Geschick ist als in einem Nachklange von des Vaters Geschick, eine gesteigerte Trauer. Wenn Antigone somit trotz dem Verbot des Königs sich entschließt, den Bruder zu begraben, so erblicken wir darin nicht so sehr die freie Handlung als vielmehr die schicksalsschwangere Notwendigkeit, welche der Väter Missetat heimsucht an den Kindern. So viel Freiheit ist freilich darinnen, daß wir Antigone zu lieben vermögen um ihrer schwesterlichen Liebe willen, jedoch in der Notwendigkeit des Fatums ist der gleichsam höhere Kehrreim gegeben, welcher nicht allein des Ödipus Leben umfängt, sondern auch das Leben seiner Sippe.

Indessen nun die griechische Antigone sorglos dahinlebt, dergestalt, daß ohne das Hinzutreten dieser neuen Tatsache man sich ihr Leben in seiner Entfaltung von Stufe zu Stufe sogar als glücklich vorstellen könnte, ist das Leben unsrer Antigone im Gegensatz dazu wesentlich zu Ende. Ich habe sie keineswegs karg ausgestattet, und gleich wie man sagt, ein gutes Wort am rechten Ort sei gleich goldenen Äpfeln in silberner Schale, ebenso hab ich hier der Trauer Frucht gelegt in des Schmerzes Schale. Ihre Ausstattung ist keine eitle Pracht, welche Motten und Rost fressen können, sie ist ein ewiger Schatz, da Diebeshand nicht nachgraben und stehlen kann, dazu wird sie selber zu wachsam sein. Ihr Leben entfaltet sich nicht wie das der griechischen Antigone, es ist nicht nach außen gekehrt sondern nach innen, der Schauplatz ist nicht draußen sondern drinnen, es ist ein Schauplatz des Geistes. [. . .] Auch sie gehört der Welt nicht zu, in der sie lebt, obwohl blühend und gesund ist sie doch mit ihrem eigentlichen Leben verborgen; auch sie ist, wiewohl lebendig, in einem andern Sinne doch verstorben, still ist dies Leben und versteckt, die Welt vernimmt nicht ein einziges Seufzen, denn ihr Seufzen ist geborgen in ihrer Seele Heimlichkeit. Ich brauche nicht daran zu erinnern, daß sie keineswegs ein schwaches, ein kränkliches Weib ist, im Gegenteil, sie ist stolz und voller Kraft. Nichts adelt wohl so sehr einen Menschen wie das Bewahren eines Geheimnisses. Sein ganzes Leben empfängt dadurch eine Bedeutung, die es doch lediglich für ihn selber hat, es löst ihn aus jeder eitlen Rücksicht auf die Umwelt; sich selber genug ruht er selig in seinem Geheimnis, so darf man beinahe sagen, und wäre sein Geheimnis gleich das allerunseligste. So also unsre Antigone. Sie ist auf ihr Geheimnis stolz, stolz darauf, daß sie dazu ersehen ist, der Sippe des Ödipus auf wunderliche Weise Ruhm und Ehre zu retten, und wenn das dankbare Volk Ödipus mit Lob- und Dankruf zujauchzt, so empfindet sie ihre eigne Bedeutung, und ihr Geheimnis sinkt tiefer und tiefer nieder in ihrer Seele, immer unzugänglicher für jedes lebendige Wesen. Sie fühlt, wie viel ihr in die Hand gegeben ist, und das gibt ihr die übernatürliche Größe, die dazu nötig ist, daß sie uns tragisch beschäftigen kann. Sie muß interessieren können als Einzelgestalt. Sie ist mehr als ein junges Mädchen im Allgemeinen ist, jedoch sie ist ein junges Mädchen, sie ist Braut, jedoch in aller Jungfräulichkeit und Reinheit. Als Braut hat das Weib seine Bestimmung erreicht, und darum kann ein Weib im Allgemeinen uns nur in eben dem Maße beschäftigen, als sie zu dieser ihrer Bestimmung in Beziehung gesetzt wird. Mittlerweile gibt es zu dieser Analogien. So spricht man z. B. von einer Gottesbraut, sie hat an Glaube und Geist den Inhalt, in dem sie ruht. Unsre Antigone möchte ich in einem vielleicht noch schöneren Sinne Braut nennen, ja, sie ist fast mehr, sie ist Mutter, sie ist in rein aesthetischem Sinne jungfräuliche Mutter (virgo mater), sie trägt ihr Geheimnis unterm Herzen, heimlich und verborgen. Sie ist Schweigen, eben weil sie geheimnisvoll ist, doch jenes In-sich-gekehrt-sein, das im Schweigen liegt, verleiht ihr eine übernatürliche Haltung. Sie ist auf ihre Trauer stolz, sie ist auf sie eifersüchtig, denn ihre Trauer, das ist ihre Liebe. Dennoch ist ihre Trauer nicht ein totes unbewegliches Eigentum, sie ist in steter Bewegung, sie gebiert Schmerz und wird geboren mit Schmerz. Ebenso, wenn ein Mädchen sich entschließt, einer Idee ihr Leben zu opfern, wenn sie dann dasteht mit dem Opferkranz um ihre Stirn, steht sie da als eine Braut, denn die große begeisternde Idee verwandelt sie, und der Opferkranz ist gleichsam der Brautkranz. Sie weiß von keinem Manne, dennoch ist sie Braut; sie kennt auch die Idee nicht, die sie begeistert, denn dies wäre unweiblich, dennoch ist sie Braut. Ebenso also ist unsre Antigone der Trauer Braut. Sie weiht ihr Leben der Trauer über des Vaters, über ihr eigenes Schicksal.«

S. K.: Gesammelte Werke. Abt. 1: Entweder/Oder. Erster Teil. Übers. von Emanuel Hirsch. Düsseldorf/Köln: Diederichs, 1956. S. 167–169.

Karl Reinhardt (1886–1958): Sophokles

»Da die sophokleische Tragik in der Lagerung menschlicher Mitten und deren Exzentrizität zur Mitte der göttlichen oder – was dasselbe ist – dämonischen Zusammenhänge ihren Ursprung hat: so kann dieselbe tragische Unstimmigkeit nun entweder durch eine einzige, gewaltige Abschleuderung und zerstörende Vereinzelung zum Drama werden – so ist es im Aias und im ›König Ödipus‹ –; oder es können zwei menschliche Zentren, mitsamt ihren Welten, beide gleich exzentrisch, um dieselbe unsichtbare Mitte sich bewegen, jede gleich sehr um ihr Gleichgewicht und Maß gebracht und aus der Bahn geworfen. Die Einheit des Vorgangs zeigt sich dann nicht mehr in der Vereinzelung des Einen, sondern in der Lage beider zueinander und beider Bezug zur unsichtbaren, nur erratbaren, durch Zeichen andeutbaren Mitte des dämonischen

Zusammenhangs. Dies zweite ergibt die Grundform für jene Tragödien, die man unter den gemeinsamen Begriff des Doppel-Schicksals bringen kann, wie der Trachinierinnen so auch der Antigone.

Dagegen sind die üblichen Begriffe und Kategorien, mit denen man seit Hegel sich bemüht hat an das Wesen der Antigone heranzudringen – die siegreiche und die unterliegende Sache, Spiel und Gegenspiel, Recht gegen Recht, Idee gegen Idee, Familie gegen Staat, tragische Schuld und Sühne, Freiheit der Persönlichkeit und Schicksal, Individuum und Gemeinschaft (Staat, Polis) – von der klassizistischen oder nachklassizistischen Ästhetik abgezogen und entweder so allgemein, daß sie auch auf das deutsche Drama anwendbar sind – und folglich sind sie zu weit; oder sie scheinen zur Antigone zu stimmen, stimmen dafür aber schon nicht mehr zur nächsten besten der erhaltenen sophokleischen Tragödien – und folglich sind sie zu eng. Es geht nicht an, für die Antigone sich eine Formel auszusinnen, die für alles Übrige versagt.

Der Unterschied zwischen Trachinierinnen und Antigone, als Doppeluntergangs-Tragödien, ist nun freilich der, daß in dem ersteren Stück der Gegensatz der zwei menschlichen Mitten auf die Sphäre des Vital-Heroischen beschränkt bleibt: Herd und Fremde, Haus und Abenteuer, Weibliches und Männliches . . ., während in der Antigone die Gegensätze dergestalt erweitert und vertieft sind, daß jetzt auf die eine Seite etwas für unsere Begriffe so Vielfältiges zu stehen kommt, wie: Blut, Kult, Liebe zum Bruder, göttliches Gebot, Jugend und Selbsthingabe bis zum Selbstopfer, und auf der anderen Seite: Herrscherwille, Staatsmaxime, ›Polis‹-Moral, Kleinheit, Starrheit, Engherzigkeit, Altersblindheit, Selbstbehauptung im Titel des Rechts bis zur Verletzung göttlichen Gebots. Bei einem solchen Reichtum der Entfaltung ist es wohl begreiflich, wenn man dies für uns Vielfältige aus einer Einheit, aus einer Idee, und zwar aus der eines Ideen-Kampfes, glaubte ableiten zu müssen: aus einem Konflikt zweier an sich berechtigter Prinzipien, als ob Sophokles ein Tragiker wie Schiller, Kleist und Goethe wäre. Und doch ist, was sich in diesem Drama gegenübersteht, in der Person Antigones und Kreons, in sich selbst konfliktlos, bleibt vom anderen in sich selbst unangefochten, setzt die andere Art, das andere Gesetz, Idee oder Moral, nicht in die eigene um – wie Tasso, Prinz von Homburg, Wallenstein –; für Kreon ist Antigone kein Opfer, das er um der Staatsraison willen sich abzuringen hätte, noch auch hat Antigone ihr Selbstopfer ihrer Natur und angeborenen Neigung zum Gehorsam abzuringen. Geschweige, daß Kreon zur Erkenntnis dessen käme, daß er in Antigone ein fremdes, ihm entgegentretendes Gesetz mißachtet hätte. So stürzt er auch letzten Endes nicht, weil die Verflechtung des Geschehens gerecht wäre (nach menschlichen Begriffen), auch nicht um der Sühne willen des von ihm vergossenen Bluts, sondern weil er aus eigener Blindheit, alles Maß verlierend, in die Hybris treibt. Auch die Antigone ist der Idee nach kein Konflikt der Normen, sondern die Tragödie zweier, im Wesen getrennter, dämonisch verbundener, im Sinne des Gegenbilds einander folgender menschlicher Untergänge.

[. . .]

Um kurz auch noch auf das ›Kalkul‹ in ihrer [Antigones] letzten Rede einzugehen, das Goethe so enttäuscht hat (Gespräche mit Eckermann, 28. III. 27): so kommt ihr Befremdliches ja nicht vom Vorrang ihrer Bruderliebe über alles andere. Daß der Bruder als der Nächste gilt, nicht nur aus irgendwelcher Hingebung, im Überschwang geschwisterlicher Freundschaft, ist Erfahrung seit ältester Zeit. Daß im Vergleich zum Bruder der Gatte schon gar, doch selbst das eigene Kind wie etwas Austauschbares, Zufälliges scheinen kann, ist von der gleichen Art. Doch soll der Vorzug, der den Bruder auszeichnet, nichts Willkürliches sein, so muß er sich auf einen ›Nomos‹ gründen. Wäre er nur seelisch, nur individuell, so hätte das in einer sophokleischen Tragödie keinen Raum. Die Frage nach dem ›Nomos‹ ist wichtig genug, um in diese erschüttertste Rede mitten hineingestellt zu werden. Erst durch den Bezug des Gegenwärtigen auf jenes Allgemeine kann das deutende Bedürfnis sich genügen. In seiner Begründung dieses ›Nomos‹ folgt nun freilich Sophokles einer herodoteischen Novelle. Aber gar so ›unlogisch‹, wie die Erklärer meinen, ist auch in seinem veränderten Zusammenhang das ›Kalkul‹ keineswegs. Denn nicht dies eine, dies individuelle Handeln der Antigone, sondern der ›Nomos‹ ihres Handelns wird damit begründet, daß Gatte und Kind zu ersetzen seien, der Bruder nicht. Der ›Nomos‹ aber bleibt bestehen, gleichviel ob Schwester oder Bruder tot sind oder leben. Und sehen wir von Goethes Seelendrama ab, versetzen wir uns in die Welt dieses so anderen Spiels der Daseinsmitten – man verzeihe Kürze halber diesen Ausdruck –; lassen wir die menschlich-allgemeinen, im Sinne des ›Nomos‹ gültigen Zusammenhänge gelten: so weicht das ›Kalkul‹ einer kaum mehr entbehrlichen Begründung: wie dem göttlichen Gesetz, wie ihrer eigenen Natur, so folgt Antigone dem ›Nomos‹ der geschwisterlichen Liebe. Für Sophokles ist eins im anderen einbeschlossen.«

K. R.: Sophokles. Frankfurt a. M.: Klostermann, [4]1976. S. 73 f., 92 f.

Alfred Döblin (1878–1957): November 1918

»Becker winkte ab: Im Unterricht würde niemand daran denken, einen andern beschimpfen zu wollen. Er denke, das sei auch keinem eingefallen.

Er war sehr ernst. Er lobte die Klasse, daß sie das Stück nicht bloß ästhetisch und als eine Übersetzungsaufgabe nehme. Er wolle ihnen aber nochmal den Konflikt vor Augen halten, und sie möchten sich damit in Ruhe auseinandersetzen.

›Wie verhält man sich zum Staat? fragt Sophokles. Er macht sich die Sache nicht leicht, nicht so leicht, wie einige von Ihnen meinten. Daß kleine billige Gefühle vor allgemeinen Notwendigkeiten zurückzutreten haben, darüber diskutiert er gar nicht. Antigone, bemerken Sie das gut, steht nicht als eine beliebige Privatperson der Staatsmacht, in der Person des

Königs, gegenüber, sondern sie vertritt ein Prinzip, welches mindestens so legitim ist wie das, welches der König vertritt. Sie meinten, Schramm, sie wäre eine Rebellin und riefe zur Revolution auf. Sie ist mutig, aber keine Rebellin. Sie ist überhaupt das Gegenteil einer Revolutionärin. Wenn einer im Stück Umstürzler ist, so ist es – wundern Sie sich nicht – Kreon, der König. Sie haben es noch nicht bemerkt? Ja, er in seinem in der Tat tyrannischen Willen, in seinem Stolz, Sieger und endlich König zu sein, er glaubt sich über geheiligte Traditionen, über uralte Selbstverständlichkeiten hinwegsetzen zu können. Denn es war in dem kultivierten Griechenland eine Selbstverständlichkeit, daß die Familie ihre Toten betrauert und begräbt. Sie hatte die Pflicht, bei der Bestattung gewisse Zeremonien zu üben und die Totengötter zu ehren. Kreon glaubt, diese alten frommen Sitten ignorieren zu können. Er glaubt, nachdem er den Feind besiegt und vernichtet hat, mit ihm auch über den Tod hinaus machen zu können, was er will. Aber da sind Grenzen, die von einer andern Macht gesetzt sind. Er stößt gegen das Übernatürliche. Von da kommen Gesetze, an denen niemand rütteln darf und die so stark sind, daß sie es sich erlauben können, aus dem Mund eines schwachen Mädchens zu sprechen. Denn diese unsichtbaren Mächte haben ihre Gesetze an dem sichersten Ort niedergelegt, in den Herzen der Menschen. Auf solch ungeschriebenes Gesetz beruft sich Antigone. Alle Menschen wissen von diesem Gesetz, auch Kreon. Er glaubt, sie brechen zu können, und Antigone muß in den Tod gehen. Aber er selbst erhält eine furchtbare Lehre.‹

Man saß still. Keiner wußte etwas zu sagen. Man nahm es an, aber lau. Man wußte im Augenblick noch nicht, wie sich dazu stellen. Das alles lag sehr abseits. Es konnte stimmen, aber wen ging es etwas an? Antike Sitten bei einer Leichenbestattung, und eine Frau regt sich dabei auf und beruft sich auf ein ungeschriebenes Gesetz in ihr. Eigentlich komisch.

Wieder meldete sich der feine glatte Schröter, der Primus, um mit seiner gleichmäßig ruhigen und kalten Stimme zu bemerken:

›Ohne die Richtigkeit dieser Lehre von dem ungeschriebenen Gesetz antasten zu wollen, möchte ich doch die Frage stellen: Wie weit kommt man damit? Der Staat muß sich doch auf etwas verlassen. Er muß mit klaren geschriebenen Paragraphen arbeiten, die ein für allemal festgesetzt sind. In den Paragraphen eines geschriebenen Gesetzbuches drückt sich die Moral eines Volkes aus. Man darf unter keinen Umständen einem Bürger die Möglichkeit geben, und noch dazu in Kriegszeiten, sich auf göttliche Eingebungen zu berufen, die ihm zuteil geworden wären, womit er das ganze Staatsleben in Unordnung bringen kann.‹

[...]

Sein hochmütiger Ton irritierte den blassen und versonnenen Mann, den Lehrer da oben, nicht. Der war schon im Zug, die Gedanken zu äußern, die ihn befielen, und er fing unvermittelt vom Tod an:

›Hinter der Frage ‚Staat und Individuum' oder ‚Pflicht gegen Staat und ein ungeschriebenes Gesetz' versteckt sich die Frage nach dem Tod. Und da sind wir eigentlich auf den Kernpunkt der Tragödie ‚Antigone' gestoßen. Einige von Ihnen haben Anstoß daran genommen, daß sich eine ganze Tragödie auf dem Streit aufbauen soll: soll ein Toter beerdigt werden oder nicht? Ihnen schien solch Streit wegen einer Bestattung und seine ungeheuerlichen Konsequenzen absurd. Aber, um es Ihnen exakt zu formulieren: das Thema der ‚Antigone' ist weder ‚Gefühl gegen Pflicht' noch ‚Pflicht gegen den Staat gegenüber Pflicht gegen die Himmlischen', sondern: ‚Wie hat sich die Welt der Lebenden zur Welt der Toten zu verhalten?'‹

Die Schüler unten blickten sich an, einige grinsten, einer flüsterte: ›Fatzke‹, andere waren gefesselt und mußten folgen.

Becker: ›Die Heldin des Stücks empfindet den Tod als ein sehr wichtiges Ding. Und in der Tat: der eigentliche Held des Stückes ist nicht sie, sondern – der tote Polyneikes. Es handelt sich in dem Stück um den Rechtsanspruch eines Toten an die Lebenden. Ein Krieger ist gefallen. Er hat kein reines Andenken hinterlassen. Dieser Tote wird nicht sichtbar und

nicht fühlbar, nicht einmal hörbar, aber er drängt sich in die Sphäre der Lebenden ein und findet einen Anwalt in seiner Schwester Antigone. Es ist eine Frau, die sich seiner annimmt. Wie die Frau das Ungeborene, das noch nicht Vorhandene empfängt. Er ist behindert und kann sich selbst nicht äußern, aber er agiert in ihr, bedient sich ihres Körpers und ihrer Seele, und sie kann sich ihm nicht entziehen. Und sie entzieht sich ihm auch nicht. Denn was er fordert, ist sein Recht. Sie spricht für ihn und bringt seine Argumente vor. Eine Stütze seiner Existenz, eine Pflege wird von dem Toten verlangt. Wir wollen uns nicht mit den Vorstellungen der Alten über die Existenzweise der Toten befassen. Sie stellten sich vor, die Toten lebten als Schatten in der Unterwelt. Aber sicher war den Alten: das Leben des Menschen fällt nicht mit einer sichtbaren Existenz zusammen. Es ragt darüber hinaus. Die Alten meinten, wie wir auch aus diesem herrlichen Stück erfahren: wir sollen mit Ehrfurcht und Schauern auf das Jenseits unserer sichtbaren Existenz blicken.‹
(So wie Antigone sich ihres einen toten Bruders annimmt, habe ich mich vieler Gefallener anzunehmen, vieler zu früh Gestorbener und bewußtlos Dahingegangener. Ich weiß es, ich diene ihnen, ich vergesse sie nicht.)«

A. D.: November 1918. Tl. 3: Karl und Rosa. Olten: Walter, 1991. S. 200 f., 223 f. –

Bertolt Brecht (1898–1956): Antigone

Antigone

Komm aus dem Dämmer und geh
Vor uns her eine Zeit
Freundliche, mit dem leichten Schritt
Der ganz Bestimmten, schrecklich
Den Schrecklichen.

Abgewandte, ich weiß
Wie du den Tod gefürchtet hast, aber
Mehr noch fürchtetest du
Unwürdig Leben.

Und ließest den Mächtigen
Nichts durch, und glichst dich
Mit den Verwirrern nicht aus, noch je
Vergaßest du Schimpf und über der Untat wuchs
Ihnen kein Gras.

B. B.: Gesammelte Gedichte. Hrsg. vom Suhrkamp Verlag in Zsarb. mit Elisabeth Hauptmann. Bd. 3. Frankfurt a. M.: Suhrkamp, 1976. S. 954. –

Wolfgang Schadewaldt (1900–74): Die griechische Tragödie

»Ich will jetzt nicht den soweit betrachteten Deutungen eine neue, eigene als *die* Deutung gegenüberstellen. Wie schon gesagt, es gibt nicht die Idee, den Sinn eines Kunstwerks. Jeder Begriff führt letztlich doch irgendwie auf ein Aussagbares, Rationales, Begrenztes, das zu eng ist für das, was eine Tragödie ist. So habe ich mich daran gewöhnt, nicht mehr von Sinndeutung zu sprechen, sondern von Aspekten, die wir dem Kunstwerk abgewinnen können. Aspekt ist ein Begriff, der besagt, daß jede Deutung begrenzt und zeitlich gebunden ist und auch wieder wechseln wird, daß eine Pluralität von Sichten eines Kunstwerks möglich ist, die sich nicht ausschließen. Nur daß es allerdings einen Horizont gibt, außerhalb dessen sie einfach falsch sind; dann spricht man besser nicht von einem Aspekt, sondern von einem Irrtum. Aber innerhalb dieses Horizonts gibt es doch die Möglichkeit verschiedener Aspekte, so wie ich eine Stadt, die in einem Tal liegt, umwandern und eine unendliche Zahl von Sichten darauf gewinnen kann, die alle richtig sind – wenn ich mich nicht gerade auf den Kopf stelle. Ich glaube also, daß man sich bescheiden muß, sauber und klar Aspekte herauszuarbeiten und zu versuchen, sie nebeneinander zu stellen, wobei man sich bewußt sein muß, daß man nicht der letzte ist, der einen solchen Aspekt von der *Antigone* oder sonst einer Tragödie entwickelt.

Da können wir einmal auf die Kreonhandlung zurückgreifen, die wir bisher unter dem Gesichtspunkt des Widerstandsgeschehens betrachtet hatten. Noch einmal: ich bin der Meinung, daß Kreon zu Anfang nicht durchaus im Unrecht ist, wenn wir von seiner ersten großen Rede ausgehen. Er gibt zuerst eine kurze Zusammenfassung der Lage: die Stadt ist gerettet, und er hat als Nächstverwandter des Königshauses jetzt die Regierungsgewalt übernommen. Dann Sätze allgemeiner Art, daß man die Gesinnung eines Mannes erst erkennen kann, wenn er ein Amt hat. Wir können sagen, ein Mensch zeigt sich erst dann als der, der er ist, wenn er Verantwortung zu tragen hat. Auch daß es echte Freundschaften und Bindungen nur innerhalb der Stadt gibt und nicht mit Gegnern dieser Stadt, ist ganz vernünftig. Dann kommt er auf Polyneikes: er ist als Feind gekommen, der die Stadt vernichten, die Bürger töten und die Tempel der Götter verbrennen wollte; ein solcher Mensch dürfe nicht gleiche Ehren erhalten wie ein Verteidiger der Stadt. Was sich in alledem darstellt, ist kein Prinzip, sondern das, was wir die politische Zweckwelt nennen können, in der wir alle leben und die in den verschiedensten Bereichen unser Leben sichert. Dazu gehört auch, daß Verbrechen bekämpft und Verbrecher bestraft werden. Es ist ganz berechtigt, daß ein Staatsmann im Sinne dieser Zweckwelt handelt und von solchen Maximen ausgeht, wie Kreon es tut. Man braucht diese Maximen nicht zu teilen, aber sie sind jedenfalls verständlich und nicht verbrecherisch – zunächst. Daß jemand staatspolitisch wirken will und zu diesem Zweck, um eine unbedingt patriotische Haltung zu erzielen, zu harten Maßnahmen greift, fällt durchaus unter die Möglichkeiten dieser Zweckwelt, und dazu gehört auch das abschreckende Exempel.

Aber hier wird es anders, weil das Exempel sich nicht gegen

einen Lebenden richtet, der ebenfalls dieser Zweckwelt angehört, sondern gegen einen Toten. Damit steht gegen die Zweckwelt ein anderer Bereich auf, der Bereich des Todes mit den unterirdischen Göttern, die für ihn eintreten, und das ist ein unantastbarer Bereich. Ich glaube, es gibt solche unantastbaren Bereiche, auch noch in unserer Welt des Fortschritts, der Wissenschaft und der Technik, wo man Möglichkeiten gefunden hat, selbst den Menschen zu verändern, sei es psychologisch, durch Drogen oder gar durch Genmanipulation. Damit ist der Mensch völlig einer bestimmten partiellen Zweckmäßigkeit unterworfen, und ich wende mich entschieden gegen all solche Eingriffe und sage, daß hier die menschliche Ganzheit und damit die Sphäre des Unantastbaren berührt wird. Oder man denke an das Problem der Euthanasie in der jüngsten Geschichte. Aus Gründen der Zweckmäßigkeit kann man sagen: wozu wertloses Leben erhalten? Es kostet Geld, und der Mensch selbst ist so übel dran, daß man ihn am besten befreit von seinen Qualen. All das ist bekannt genug. Hier geht es um die Unantastbarkeit des Lebens. Aber es hat auch Erörterungen gegeben, ob es zweckmäßig sei, die Toten zu bestatten, oder ob man nicht lieber die Fülle von Materialien verarbeiten soll, die sich da ergeben. Wenn man das Sterben nur als ein Verenden versteht, dann kann man freilich die Leichen noch nützlich verwenden, und vielleicht kommt es noch einmal dazu.

Ich würde also sagen, daß hinter dem Stück des Sophokles der Gegensatz steht jener Welt der menschlichen Zweckmäßigkeiten, die ihre eigenen Gesetze und Maximen hat, und anderer Weltbereiche, die diesen Gesetzen nicht unterworfen sind. Hier ist es die Welt des Todes mit der Unterwelt und ihren Göttern, die die Toten und ihre Rechte schützen. Kreons Irrtum besteht darin, daß er einen Toten in die Zweckwelt einbezieht und ihren Maximen unterwirft. Das ist es, was den Widerstand hervorruft, der immer stärker wird, bis in Teiresias seine gültige Stimme vernehmbar wird. Das ist die eigentliche Grundthematik der *Antigone*, der Horizont, der im höchsten Maße adäquat ist, soweit man das aus dem Stück selbst herausholen kann.«

W. Sch.: Die griechische Tragödie. Aischylos, Sophokles, Euripides. Tübinger Vorlesungen Band 4. Hrsg. von Ingeborg Schudoma. Frankfurt a. M.: Suhrkamp, 1991. (suhrkamp taschenbuch wissenschaft. 948.) S. 239–241. –

WALTER JENS (geb. 1923): Antigone-Interpretationen

»Im Augenblick, da Antigone zum Tod geführt wird (das unterirdische Gefängnis ist ein Grab, denn es ermangelt des Lichts), scheint sie verändert. In Wahrheit aber ist sie die gleiche wie vorher, nur daß sie am Ende, wie alle sophokleischen Helden, die Vollendung in der Vernichtung erfährt. Wie Ajas vor seinem Tod den ganzen Umkreis der Wirklichkeit umspannt, wie Oidipus nach dem Bericht des Hirten die wahren Zusammenhänge überschaut und Deianeira vor ihrem Sterben die Wahrheit erkennt, so sieht auch Antigone am Ende den ganzen Kosmos. Im Augenblick des Abscheidens wird der sophokleische Held einsichtig. Sein Weg führt von der Vielsichtigkeit zur Einsichtigkeit. Er überwindet seine bedingte menschliche Meinung und erkennt die Wahrheit. Dieses Erkennen bedeutet zugleich Anerkennung eines notwendigen Vollzugs und damit die Überwindung des Krankheitszustandes der Unwissenheit. Der Mensch, der sich im Vertrauen auf sein eigenes Meinen isoliert hat, kehrt im Augenblick des Untergangs in die Ordnung des Daseins zurück. Wie bei Homer der Held, der sich absondert, durch ein Paradeigma in die Ordnung zurückgeführt wird (Achill erkennt durch den Hinweis des Priamos auf Peleus auch das fremde Leid, löst sich dadurch aus seiner Isolation), so ist der Verlauf der sophokleischen Tragödie ein ad oculos geführtes Paradeigma für die schuldige Isolation des Menschen und ihre Zurücknahme im Augenblick des Todes. Auch Antigone, das Werkzeug der Götter, hatte sich, wenn auch in sehr viel geringerem Maße als Kreon, durch ihre Abschließung allen anderen gegenüber schuldig gemacht. Auch sie war, mitten in der Ausführung des Befehls der Götter, der Krankheit des selbstbewußten eigenen Meinens verfallen. Auch sie hatte sich den Ausblick auf das wahre Verhältnis der Kräfte verstellt. Jetzt, im Augenblick des letzten Ganges, ganz allein (der Chor bleibt in eisiger Ferne, verwehrt ihr noch den Anhaltspunkt im Mythos: Vers 834 ἀλλὰ θεός τοι; hält ihr Trotz vor, wo kein Trotz mehr ist: Vers 875), sieht Antigone die volle Wirklichkeit, die sie vorher nur sehr bedingt, Kreon überhaupt nicht sah. Sie erkennt die Bedeutung der Stadt, blickt auf die Ehe, die Heimat, die Sonne – alles, was sie verlassen muß. Jetzt pocht sie nicht mehr auf *ihr* Recht, sondern stellt es den Göttern anheim. Ihnen überläßt sie das Urteil: aus dem sicheren Vermeinen ist banger Zweifel geworden (Vers 921 ff.). Dennoch bleibt die Überzeugung, das Rechte getan zu haben (Vers 940 ff.). In diesem Augenblick ist Antigone vollendet. Zugleich ist das Urteil über Kreon – Antigone und Kreon sind immer im Verhältnis zueinander zu denken – gesprochen: μὴ πλείω κακὰ πάθοιεν ἢ καὶ δρῶσιν ἐνδίκως ἐμέ (Vers 927/28) [d. h., ihn soll selbst treffen, was er ihr angetan hat].«

W. J.: Antigone-Interpretationen (1952). In: Sophokles. Hrsg. von Hans Diller. Darmstadt 1967. (Wege der Forschung. 95.) S. 307 f. – Mit Genehmigung von Walter Jens, Tübingen.

Martin Walser (geb. 1927): Antigone oder die Unvernunft des Gewissens

»Die Macht des Vorgesagten nimmt bei uns täglich zu. Kreon und Tiresias, der Staat und die Medien reden auf uns ein, immer im Namen einer Vernunft. Die Vernunft ist dienlich. Man kommt über die Runden mit ihr. Im Augenblick. Die Vernunft ist das, was eine optimal konstruierte Maschine als die bestmögliche Lösung zu diesem Zeitpunkt anbieten kann. Die Vernunft ist ausgestattet mit Medienmacht. Und regelmäßig läßt die Vernunft herumfragen und nachzählen, wieviel Prozente sie wieder zur Zustimmung gebracht hat. Die Vernunft produziert Zustimmung wie eine Ware. Aber sie provoziert auch die Gegenstimme. Wenn wir Glück haben, dringt die durch, wird auch öffentlich, weckt in anderen die schon im Zustimmen verlorengegangene innere Stimme, weckt Gewissen.

Es ist jedem freigestellt, sich das Antigone-Beispiel auf seine Weise anzueignen. Es kann einer in allen hier vorkommenden Stimmen seine eigene hören.

Mich beeindruckt das, was Hölderlin heroische Virtuosität nannte. Vielleicht meint er damit, daß Antigones Gefallsucht einen höheren Anspruch hat als jede andere hier vorkommende Gefallsucht. Sie will den Toten gefallen. Sie will lieber selber nicht leben, als ihr Verhältnis zu den Toten zu verletzen. Davon geht eine Wirkung aus, die ich mir in keine andere Kategorie oder Sprache übersetzen muß.

Wenn solche Beispiele in zweitausend und mehr Jahren das Schlimmste auch nicht verhindert haben, das meistens Männer außerhalb des Theaters anrichteten, so darf man doch sagen, daß der Blick auf diese Geschichte ohne solche Figuren wie Antigone schlechterdings trostlos wäre.

Es siegt die Trauer.

Antigone – oder die Empfindlichkeit des Gewissens. Antigone – oder die Gewissensfreiheit. Und je näher GUT und BÖSE in einer Gesellschaft beieinanderliegen, desto schärfer muß das Antigonegewissen sein. Nirgends ist Antigone so fällig wie da, wo GUT und BÖSE ununterscheidbar geworden, ja vielleicht sogar gleichwertig beziehungsweise vernünftig geworden sind. Da muß Antigone ja, obwohl sie mädchenhaft lieb beginnt, dann doch fast wahnsinnig werden vor Ohnmacht und Nichtanderskönnen. Das läßt sich fast in eine Formel fassen: Je vernünftiger Kreon erscheint, um so unvernünftiger muß Antigone wirken.

Wer sich allzeit unangefochten fühlt, wem es genügt, im Recht zu sein, der meide die Tragödie. In der Tragödie hat nichts recht als die Trauer. Ich habe das Gefühl, als komme durch die Trauer ein Ton in die Geschichte, der ihre Trostlosigkeit mindert. Das ist unter den möglichen Wirkungen Antigones doch die willkommenste.«

M. W.: [Einführung:] Antigone oder die Unvernunft des Gewissens. In: Sophokles: Antigone. Übers. von Hölderlin. Bearb. von M. W. und Edgar Selge. Frankfurt a. M.: Insel Verlag, 1989. (insel taschenbuch. 1248.) S. 14–16. –

George Steiner (geb. 1929): Die Antigonen

»Die Begegnungen zwischen Göttern und Menschen in *Antigone* sind es, die schließlich die zerstörerischsten sind. *Nemo contra deum nisi deus ipse*, sagte Goethe. Sophokles wußte es besser. Die Versuche der Protagonisten, das Göttliche in einem moralischen oder diplomatischen Abstand zu halten, scheitern völlig. Schließlich erscheinen die Götter, und Kultur und das Gefüge der Vernunft brechen zusammen.

Doch jede der großen Determinanten von Kollision, wie sie in dem Disput zwischen Kreon und Antigone entwickelt werden und aus ihm hervorgehen – zwischen Mann und Frau, zwischen Alt und Jung, zwischen Gesellschaft und dem Individuum, zwischen den Lebenden und den Toten, zwischen Göttern und Sterblichen –, ist letztlich unüberbrückbar und immer rekursiv. Diese Zeitlosigkeit von *notwendigem* und *unlösbarem* Konflikt, wie ihn die griechische Tragödie aufführt, ist es, die uns dazu veranlaßt, die Situation des Menschen auf dieser Erde mit der des Tragischen gleichzusetzen.«

G. S.: Die Antigonen. Geschichte und Gegenwart eines Mythos. Aus dem Engl. von Martin Pfeiffer. München: Hanser, 1988. S. 344. –

VI. Literaturhinweise

Text, Kommentare und Übersetzungen

Sophoclis Fabulae, Ed. A. C. Pearson. Oxford: Clarendon Press, 1957 [u. ö.].

Sophocles Tragoediae. T. II. Ed. R. D. Dawe. Leipzig: Teubner, 1985.

Sophokles: Dramen. Griech. und dt. Hrsg. und übers. von W. Willige, überarb. von K. Bayer. München/Zürich: Artemis Verlag, ^{2}1985.

Sophocles. The Plays and Fragments with Critical Notes, Commentary and Translation in English Prose by R. C. Jebb. Part III: Antigone. Cambridge: Cambridge University Press, 1888. 1906. Nachdr. Amsterdam 1962.

*

Kamerbeek, J. C.: The Plays of Sophocles. Commentaries. Part III: Antigone. Leiden: Brill, 1978.

Sophokles: Antigone. Erl. und mit einer Einl. vers. von G. Müller. Heidelberg: Winter, 1967. (Wissenschaftliche Kommentare.)

*

Sophokles: Antigone. Übers. von W. Kuchenmüller. Stuttgart: Reclam, 1955 [u. ö.]. (Universal-Bibliothek. 659.)

Sophokles: Antigone. Griech.-dt. Übers. und eingel. von K. Reinhardt. Hrsg. von C. Becker. Göttingen: Vandenhoeck & Ruprecht, ^{6}1982.

Sophokles: Antigone. Übers. und hrsg. von W. Schadewaldt. [Mit Nachw., dem Aufsatz »Einleitung zur Antigone«, einem Katalog zur Wirkungsgeschichte und Literaturhinweisen.] Frankfurt a. M.: Insel Verlag, 1974. (insel taschenbuch. 70.)

Sophokles: Antigone. Griech./Dt. Übers. und hrsg. von N. Zink. Stuttgart: Reclam, 1981 [u. ö.]. (Universal-Bibliothek. 7682.)

Die Antigone des Sophokles. Übers. von A. S. Kessler. Würzburg: Königshausen & Neumann, 1985.

Sophokles: Antigone. Übers. von Hölderlin. Bearb. von M. Walser und E. Selge. [Mit Einf. »Antigone oder die Unvernunft des Gewissens« von M. Walser.] Frankfurt a. M.: Insel Verlag, 1989. (insel taschenbuch. 1248.)

Sekundärliteratur

Zur griechischen Tragödie

Blume, H.-D.: Einführung in das antike Theaterwesen. Darmstadt ²1984.

Bremer, J. M.: Hamartia. Tragic Error in the Poetics of Aristotle and in Greek Tragedy. Amsterdam 1969.

Burkert, W.: Griechische Tragödie und Opferritual. In: W. B.: Wilder Ursprung. Opferritual und Mythos bei den Griechen. Berlin 1990. S. 13–39.

Buschor, E.: Über das griechische Drama. München 1963.

Cessi, V.: Erkennen und Handeln in der Theorie des Tragischen bei Aristoteles. Frankfurt a. M. 1987. [Zur *Antigone* S. 279 bis 282.]

Flashar, H.: Die Poetik des Aristoteles und die griechische Tragödie. In: Poetica 16 (1984) S. 1–23.

– Die Inszenierung der Antike. Das griechische Drama auf der Bühne der Neuzeit. München 1991.

Fritz, K. v.: Tragische Schuld und poetische Gerechtigkeit in der griechischen Tragödie. In: K. v. F.: Antike und moderne Tragödie. Berlin 1962. S. 1–112.

Fuhrmann, M.: Einführung in die antike Dichtungstheorie. Darmstadt 1973.

– Mythos als Wiederholung in der griechischen Tragödie und im Drama des 20. Jahrhunderts. In: M. F. (Hrsg.): Terror und Spiel. Probleme der Mythenrezeption. München 1971. S. 121–143.

Golden, L.: The Clarification Theory of Katharsis. In: Hermes 104 (1976) S. 437–452.

Graf, F.: Griechische Mythologie. München/Zürich 1985. S. 138–167 [zum rituellen und literarischen Ursprung der Tragödie].

Isler, H.-P.: Das antike Theater. Architektonische Form und Aufführungspraxis. Darmstadt 1992. [i. Vorb.]

Jens, W.: Verkleidete Götter. Antikes und modernes Drama. In: W. J.: Zur Antike. München 1978. S. 78–99.

– (Hrsg.): Die Bauformen der griechischen Tragödie. München 1971.

Kitto, H. D. F.: Greek Tragedy. A Literary Study. London 1950. ³1961.

Kranz, W.: Stasimon. Untersuchungen zu Form und Gehalt der griechischen Tragödie. Berlin 1933.

Lesky, A.: Die tragische Dichtung der Hellenen. Göttingen 1956. ³1972.

– Die griechische Tragödie. Stuttgart 1968.

Meier, Chr.: Die politische Kunst der griechischen Tragödie. München/Darmstadt 1988. [Zur *Antigone* S. 208–225.]
Melchinger, S.: Das Theater der Tragödie. Aischylos, Sophokles, Euripides auf der Bühne ihrer Zeit. München 1990.
Patzer, H.: Die Anfänge der griechischen Tragödie. Wiesbaden 1962.
– Die Entstehung der griechischen Tragödie. In: Der altsprachliche Unterricht 7,1 (1964) S. 5–17.
Pickard-Cambridge, A.: The Dramatic Festivals of Athens. Oxford ^{2}1968.
Pohlenz, M.: Die griechische Tragödie. Göttingen ^{2}1954.
– Furcht und Mitleid? In: Hermes 84 (1956) S. 49–74.
Rösler, W.: Polis und Tragödie. Funktionsgeschichtliche Betrachtungen zu einer antiken Literaturgattung [mit bes. Bezug auf *Antigone*]. Konstanz 1980.
Schadewaldt, W.: Hellas und Hesperien. Zürich/Stuttgart 1960. [Darin: Das Drama der Antike in heutiger Sicht. S. 99–106. – Furcht und Mitleid? S. 346–388. – Von der Wirkung des Trauerspiels. S. 388–391. – Antike Tragödie auf der modernen Bühne. S. 543–570. (Wiederabgedr. in: Sophokles. Hrsg. von H. Diller. Darmstadt 1967. S. 500–536.)]
Schirnding, A. v.: Maske und Mythos. Die Welt der griechischen Tragödie. Düsseldorf 1991.
Seeck, G. A. (Hrsg.): Das griechische Drama. Darmstadt 1979. [Mit Bibliographie S. 434–503.]
Simon, E.: Das antike Theater. Heidelberg 1972.
Stählin, F. / Ruprecht, K.: Einleitung in die griechische Tragödie. Bamberg 1953.
Stoessl, F.: Die Vorgeschichte des griechischen Theaters. Darmstadt 1987.
Vernant, J.-P. / Vidal-Naquet, P.: Mythe et tragédie en Grèce ancienne. Paris 1977.
Wagner, Chr.: Katharsis in der aristotelischen Tragödiendefinition. In: Grazer Beiträge 11 (1984) S. 67–81.
Zimmermann, B.: Die griechische Tragödie. Eine Einführung. München/Zürich 1986.

Zu Sophokles

Bowra, C. M.: Sophoclean Tragedy. Oxford 1944. Nachdr. 1960.
Bröcker, W.: Der Gott des Sophokles. Frankfurt a. M. 1971.
Burton, R. W. B.: The Chorus in Sophocles' Tragedies. Oxford 1980.

Diller, H. (Hrsg.): Sophokles. Darmstadt 1967. (Wege der Forschung. 95.)

Diller, H.: Kleine Schriften zur antiken Literatur. Hrsg. von H.-J. Newiger und H. Seyffert. München 1971. [Darin: Göttliches und menschliches Wissen bei Sophokles (1950). S. 255–271. – Über das Selbstbewußtsein der sophokleischen Personen (1956). S. 272–285. – Menschendarstellung und Handlungsführung bei Sophokles (1957). S. 286–303. (Wiederabgedr. in: Sophokles. Hrsg. von H. D. Darmstadt 1967. S. 190–211.)]

Ehrenberg, V.: Sophocles and Pericles. Oxford 1954. [Dt. München 1956.]

Friedrich, W.-H.: Sophokles, Aristoteles und Lessing. In: W.-H. F.: Vorbild und Neugestaltung. Sechs Kapitel zur Geschichte der Tragödie. Göttingen 1967. S. 188–209.

Kirkwood, G. M.: A Study of Sophoclean Drama. Ithaca (N. Y.) 1958.

Kitto, H. D. F.: Form and Meaning in Drama. A Study of Six Greek Plays and of Hamlet. London 1956. [Zur *Antigone* S. 138–178.]

– Sophocles, Dramatist and Philosopher. Oxford 1958.

Knox, B. M. W.: The Heroic Temper. Studies in Sophoclean Tragedy. Berkeley / Los Angeles 1964.

Melchinger, S.: Die Welt als Tragödie. Bd. 2. München 1979.

Müller, D.: Der Kampf um die Wahrheit in den Tragödien des Sophokles. In: Gymnasium 96 (1989) S. 193–208.

Müller, G.: Chor und Handlung bei den griechischen Tragikern. In: Sophokles. Hrsg. von H. Diller. Darmstadt 1967. (Wege der Forschung. 95.) S. 212–238.

Patzer, H.: Methodische Grundsätze der Sophokles-Interpretation. In: Poetica 15 (1983) S. 1–33. Wiederabgedr. in: H. P.: Gesammelte Schriften. Hrsg. von R. Leimbach und G. Seidel. Wiesbaden 1985. S. 433–469.

Reinhardt, K.: Sophokles. Frankfurt a. M. ^{4}1976.

Rillig, Chr.: Sophokles. Salzburg 1982. (Die großen Klassiker. Literatur der Welt in Bildern, Texten und Daten. 22.)

Schadewaldt, W.: Hellas und Hesperien. Zürich/Stuttgart 1960. [Darin: Sophokles und Athen. S. 215–230. – Sophokles und das Leid. S. 231–247.]

Schadewaldt, W.: Die griechische Tragödie. Aischylos, Sophokles, Euripides. Tübinger Vorlesungen Band 4. Hrsg. von I. Schudoma. Frankfurt a. M. 1991. (suhrkamp taschenbuch wissenschaft. 948.) [Zur *Antigone* S. 225–253.]

Seale, D.: Vision and Stagecraft in Sophocles. London/Canberra 1982.

Segal, C.: Tragedy and Civilisation. An Interpretation of Sophocles. Cambridge (Mass.) / London 1981.

Sophocle. Entretiens sur l'antiquité classique. Vandouvres/Genève 1983.

Webster, T. B. L.: An Introduction to Sophocles. Oxford 1936. London ^{2}1969

Weinstock, H.: Sophokles. Leipzig 1931. Wuppertal ^{3}1948.

Wilamowitz-Moellendorff, T. v.: Die dramatische Technik des Sophokles. Hrsg. von E. Kapp. Berlin 1917. Nachdr. Zürich 1969.

Winnington-Ingram, R. P.: Sophocles. An Interpretation. Cambridge / New York 1980.

Zur »Antigone«

Barié, P.: »Vieles Gewaltige lebt . . .« Strukturale Analyse eines tragischen Chorliedes. In: Der altsprachliche Unterricht 14,4 (1971) S. 5–40.

Bierl, A.: Was hat die Tragödie mit Dionysos zu tun? Rolle und Funktion des Dionysos am Beispiel der »Antigone« des Sophokles. In: Würzburger Jahrbücher für die Altertumswissenschaft 15 (1989) S. 43–58.

Bultmann, R.: Polis und Hades in der Antigone des Sophokles. In: Sophokles. Hrsg. von H. Diller. Darmstadt 1967. (Wege der Forschung. 95.) S. 311–324.

Crane, G.: Creon and the Ode to Man in Sophocles' Antigone. In: Harvard Studies in Classical Philology 92 (1989) S. 103–116.

Dalfen, J.: Gesetz ist nicht Gesetz und fromm ist nicht fromm. Die Sprache der Personen in der sophokleischen Antigone. In: Wiener Studien N. F. 11 [Bd. 90] (1977) S. 5–26.

Eberlein, E.: Über die verschiedenen Deutungen des tragischen Konflikts in der Tragödie »Antigone« des Sophokles. In: Gymnasium 68 (1961) S. 16–34.

Else, G. F.: The Madness of Antigone. Heidelberg 1976.

Fritz, K. v.: Haimons Liebe zu Antigone. In: K. v. F.: Antike und moderne Tragödie. Berlin 1962. S. 227–240.

Funke, H.: ΚΡΕΩΝ ΑΠΟΛΙΣ. In Antike und Abendland 12 (1966) S. 29–50.

Garrison, E. P.: Eurydice's Final Exit to Suicide in the Antigone. In: The Classical World 82 (1988/89) S. 431–435.

Goheen, R. F.: The Imagery of Sophocles' »Antigone«: a Study of Poetic Language and Structure. Princeton 1951.

Goth, J.: Sophokles' Antigone. Interpretationsversuche und Strukturuntersuchungen. Diss. Tübingen 1966.

Gundert, H.: Größe und Gefährdung des Menschen. Ein sophokleisches Chorlied und seine Stellung im Drama (Soph. Ant. 332–375). In: Antike und Abendland 22 (1976) S. 21–39.

Hester, D. A.: Law and Piety in the »Antigone«. In: Wiener Studien N. F. 14 [Bd. 93] (1980) S. 5–8.

Jäkel, W.: Die Exposition in der »Antigone« des Sophokles. In: Gymnasium 68 (1961) S. 34–55.

Jens, W.: Antigone-Interpretationen. In: Sophokles. Hrsg. von H. Diller. Darmstadt 1967. (Wege der Forschung. 95.) S. 295–310.

Kerenyi, K.: Dionysos und das Tragische in der Antigone. Frankfurt a. M. 1935.

Mette, H. J.: Die »Antigone« des Sophokles. In: Hermes 84 (1956) S. 129–134.

Müller, G.: Überlegungen zum Chor der Antigone. In: Hermes 89 (1961) 398–422.

Murnaghan, S.: Antigone 904–20 and the Institution of Marriage. In: American Journal of Philology 107 (1986) S. 192–207.

Neuberg, M.: How Like a Woman: Antigone's »Inconsistency«. In: Classical Quarterly N. S. 40 (1990) S. 54–76 [zu Ant. 904–920].

Oudemans, Th. C. W. / Lardinois, A. P. M. H.: Tragic Ambiguity. Anthropology, Philosophy and Sophocles' Antigone. Leiden / New York / Kopenhagen / Köln 1987.

Patzer, H.: Hauptperson und tragischer Held in Sophokles' ›Antigone‹. Wiesbaden 1978.

Petersmann, H.: Mythos und Gestaltung in Sophokles' Antigone. In: Wiener Studien N. F. 12 [Bd. 91] (1978) S. 67–96.

– Die Haltung des Chores in der Sophokleischen »Antigone«. In: Wiener Studien N. F. 16 [Bd. 95] (1982) S. 56–70.

Riemer, P.: Sophokles, Antigone – Götterwille und menschliche Freiheit. Wiesbaden 1991.

Rösler, W.: Der Chor als Mitspieler. Beobachtungen zur Antigone. In: Antike und Abendland 29 (1983) S. 107–124.

Rohdich, H.: Antigone. Beitrag zu einer Theorie des sophokleischen Helden. Heidelberg 1980.

Schmalzriedt, E.: Sophokles' Antigone. In: Hauptwerke der antiken Literaturen. Hrsg. von E. Sch. München 1976. S. 50–51.

Schmitt, A.: Bemerkungen zum Charakter und Schicksal der tragischen Hauptpersonen in der »Antigone«. In: Antike und Abendland 34 (1988) S. 1–16.

Schwinge, E.-R.: Die Rolle des Chors in der sophokleischen Antigone. In: Gymnasium 78 (1971) S. 294–321.
Sourvinon-Inwood, Chr.: Assumptions and the Creation of Meaning. Reading Sophocles' Antigone. In: Journal of Hellenic Studies 109 (1989) S. 134–148.
Steiner, G.: Die Antigonen. Geschichte und Gegenwart eines Mythos. Aus dem Engl. von M. Pfeiffer. München 1988.
Strieth, W.: Staatspolitische Gedanken zu Sophokles' Antigone. In: Der altsprachliche Unterricht 7,1 (1964) S. 31–36.
Struck, E.: Der zweimalige Gang der Antigone zur Leiche des Polyneikes. In: Gymnasium 60 (1953) S. 327–334.
Szlezák, Th. A.: Bemerkungen zur Diskussion um Sophokles, Antigone 904–920. In: Rheinisches Museum 124 (1981) S. 108–142.
Weidauer, F. / Birkner, H. / Hug, M.: Die Antigone des Sophokles. Eine Schulaufführung in griechischer Sprache. In: Der altsprachliche Unterricht 25,5 (1982) S. 49–75.
Zink, N.: Sophokles, Antigone. Grundlagen und Gedanken zum Verständnis des Dramas. Frankfurt a. M. 1974.

Zur Rezeption

Block, A.: Antike Tragödie im modernen Drama. In: Der altsprachliche Unterricht 7,1 (1964) S. 50–68.
Firges, J.: Anouilhs »Antigone« – ein Exempel der Pathologie oder der Metaphysik? In: Die Neueren Sprachen 11 (1972) S. 595 bis 607.
Flashar, H.: Hölderlins Sophoklesübersetzungen auf der Bühne. In: Jenseits des Idealismus. Hölderlins letzte Homburger Jahre (1804 bis 1806). Hrsg. von Chr. Jamme und O. Pöggeler. Bonn 1988. S. 291–317.
Fraisse, S.: Le mythe d'Antigone. Paris 1974.
Frenzel, E.: Stoffe der Weltliteratur. Stuttgart [7]1988.
Hamburger, K.: Von Sophokles zu Sartre. Griechische Dramenfiguren antik und modern. Stuttgart 1962.
Hermes, E.: Von Anouilh zu Sophokles. In: Der altsprachliche Unterricht 7,1 (1964) S. 69–75.
Jens, W.: Sophokles und Brecht. Dialog. In: W. J.: Zur Antike. München 1978. S. 413–433.
Malthan, P.: Spiegelungen der Antike in der dramatischen Literatur der Gegenwart. In: Gymnasium 77 (1970) S. 171–198.
Reinhardt, K.: Hölderlin und Sophokles. In: K. R.: Die Krise des Hel-

den. Beiträge zur Literatur und Geistesgeschichte. München 1962. S. 89–106.
Rösler, W.: Zweimal ›Antigone‹: griechische Tragödie und episches Theater. In: Der Deutschunterricht 31 (1979) H. 6. S. 42–58.
Schadewaldt, W.: Hellas und Hesperien. Zürich/Stuttgart 1960. [Darin: Einleitung zur ›Antigone‹ des Sophokles von Hölderlin in der Vertonung von Carl Orff. S. 247–277. – Hölderlins Übersetzung des Sophokles. S. 767–824.]
Schondorff, J. (Hrsg.): Theater der Jahrhunderte. Antigone. München/Wien 1966.
Schrank, W.: Anouilh, Antigone. Grundlagen und Gedanken zum Verständnis des Dramas. Frankfurt a. M. 1972.
Steiner, G.: Antigone – auch morgen. Bamberg 1986.
– Die Antigonen. Geschichte und Gegenwart eines Mythos. Aus dem Engl. von M. Pfeiffer. München 1988.
Voit, L.: Bild und Nachbild der antiken Tragödie. In: Gymnasium 74 (1967) S. 201–223, bes. 217–220.

Der Verlag Philipp Reclam jun. dankt für die Nachdruckgenehmigung den Rechteinhabern, die durch den Quellennachweis oder einen folgenden Copyrightvermerk bezeichnet sind.

zu Kafka, *Der Proceß.* 230 S. UB 8197 – *Das Urteil.* 144 S. UB 16001 – *Die Verwandlung.* 181 S. UB 8155

zu Keller, *Das Fähnlein der sieben Aufrechten.* 87 S. UB 8121 – *Kleider machen Leute.* 108 S. UB 8165 – *Romeo und Julia auf dem Dorfe.* 88 S. UB 8114

zu Kleist, *Amphitryon.* 160 S. UB 8162 – *Das Erdbeben in Chili.* 151 S. UB 8175 – *Das Käthchen von Heilbronn.* 162 S. UB 8139 – *Die Marquise von O…* 125 S. UB 8196 – *Michael Kohlhaas.* 111 S. UB 8106 – *Penthesilea.* 159 S. UB 8191 – *Prinz Friedrich von Homburg.* 237 S. UB 8147 – *Der zerbrochne Krug.* 157 S. UB 8123

zu J. M. R. Lenz, *Der Hofmeister.* 183 S. UB 8177 – *Die Soldaten.* 88 S. UB 8124

zu Lessing, *Emilia Galotti.* 109 S. UB 8111 – *Minna von Barnhelm.* 111 S. UB 8108 – *Miß Sara Sampson.* 93 S. UB 8169 – *Nathan der Weise.* 167 S. UB 8118

zu H. Mann, *Der Untertan.* 162 S. UB 8194

zu Th. Mann, *Mario und der Zauberer.* 104 S. UB 8153 – *Der Tod in Venedig.* 196 S. UB 8188 – *Tonio Kröger.* 102 S. UB 8163 – *Tristan.* 96 S. UB 8115

zu Mörike, *Mozart auf der Reise nach Prag.* 117 S. UB 8135

zu Novalis, *Heinrich von Ofterdingen.* 236 S. UB 8181

zu Schiller, *Don Carlos.* 238 S. UB 8120 – *Die Jungfrau von Orleans.* 160 S. UB 8164 – *Kabale und Liebe.* 147 S. UB 8149 – *Maria Stuart.* 214 S. UB 8143 – *Die Räuber.* 232 S. UB 8134 – *Die Verschwörung des Fiesco zu Genua.* 263 S. UB 8168 – *Wallenstein.* 294 S. UB 8136 – *Wilhelm Tell.* 111 S. UB 8102

zu Shakespeare, *Hamlet.* 264 S. UB 8116

zu Storm, *Hans und Heinz Kirch.* 94 S. UB 8171 – *Immensee.* 88 S. UB 8166 – *Der Schimmelreiter.* 101 S. UB 8133

zu Tieck, *Der blonde Eckbert / Der Runenberg.* 85 S. UB 8178

zu Wedekind, *Frühlings Erwachen.* 203 S. UB 8151

zu Zuckmayer, *Der Hauptmann von Köpenick.* 171 S. UB 8138

Philipp Reclam jun. Stuttgart

Erläuterungen und Dokumente

Eine Auswahl

zu Böll, *Ansichten eines Clowns.* 84 S. UB 8192

zu Büchner, *Dantons Tod.* 112 S. UB 8104 – *Lenz.* 173 S. UB 8180 – *Woyzeck.* 96 S. UB 8117

zu Droste-Hülshoff, *Die Judenbuche.* 83 S. UB 8145

zu Dürrenmatt, *Der Besuch der alten Dame.* 93 S. UB 8130 – *Die Physiker.* 243 S. UB 8189 – *Romulus der Große.* 96 S. UB 8173

zu Eichendorff, *Aus dem Leben eines Taugenichts.* 120 S. UB 8198

zu Fontane, *Effi Briest.* 168 S. UB 8119 – *Frau Jenny Treibel.* 111 S. UB 8132 – *Grete Minde.* 80 S. UB 8176 – *Irrungen, Wirrungen.* 148 S. UB 8146 – *Schach von Wuthenow.* 155 S. UB 8152 – *Der Stechlin.* 181 S. UB 8144

zu Frisch, *Andorra.* 88 S. UB 8170 – *Biedermann und die Brandstifter.* 128 S. UB 8129 – *Homo faber.* 196 S. UB 8179

zu Goethe, *Egmont.* 144 S. UB 8126 – *Götz von Berlichingen.* 176 S. UB 8122 – *Iphigenie auf Tauris.* 112 S. UB 8101 – *Die Leiden des jungen Werther.* 192 S. UB 8113 – *Novelle.* 160 S. UB 8159 – *Torquato Tasso.* 251 S. UB 8154 – *Urfaust.* 168 S. UB 8183 – *Die Wahlverwandtschaften.* 228 S. UB 8156 – *Wilhelm Meisters Lehrjahre.* 398 S. UB 8160

zu Gotthelf, *Die schwarze Spinne.* 93 S. UB 8161

zu Grass, *Katz und Maus.* 192 S. UB 8137

zu Hauptmann, *Bahnwärter Thiel.* 54 S. UB 8125 – *Der Biberpelz.* 104 S. UB 8141 – *Die Ratten.* 183 S. UB 8187

zu Heine, *Deutschland. Ein Wintermärchen.* 208 S. UB 8150

zu Hesse, *Demian. Die Geschichte von Emil Sinclairs Jugend.* 86 S. UB 8190 – *Der Steppenwolf.* 156 S. UB 8193

zu Hoffmann, *Das Fräulein von Scuderi.* 136 S. UB 8142 – *Der goldne Topf.* 160 S. UB 8157 – *Klein Zaches genannt Zinnober.* 170 S. UB 8172

zu Ibsen, *Nora (Ein Puppenheim).* 86 S. UB 8185